The 2018 Report on Integrated
Logistics Development of Beijing, Tianjin & Hebei

京津冀一体化物流发展报告 2018

王可山　郝玉柱◎主编

中国经济出版社
CHINA ECONOMIC PUBLISHING HOUSE
·北京·

图书在版编目（CIP）数据

京津冀一体化物流发展报告. 2018 / 王可山，郝玉柱主编. --北京：中国经济出版社，2021.9
ISBN 978-7-5136-6610-7

Ⅰ. ①京… Ⅱ. ①王… ②郝… Ⅲ. 物流-经济发展-研究报告-华北地区-2018 Ⅳ. ①F259.22

中国版本图书馆 CIP 数据核字（2021）第 175671 号

策划编辑　崔姜薇
责任编辑　张　博
责任印制　马小宾
封面设计　任燕飞工作室

出版发行　中国经济出版社
印 刷 者　北京九州迅驰传媒文化有限公司
经 销 者　各地新华书店
开　　本　710mm×1000mm　1/16
印　　张　12.75
字　　数　176 千字
版　　次　2021 年 9 月第 1 版
印　　次　2021 年 9 月第 1 次
定　　价　78.00 元
广告经营许可证　京西工商广字第 8179 号

中国经济出版社　**网址** www.economyph.com　**社址** 北京市东城区安定门外大街 58 号　**邮编** 100011
本版图书如存在印装质量问题，请与本社销售中心联系调换（联系电话：010-57512564）

前言

PREFACE

2015年4月30日中共中央政治局审议通过《京津冀协同发展规划纲要》后，北京物资学院从2015年起组织专家撰写并出版了《京津冀一体化物流发展报告》。我校已经将其作为服务京津冀协同发展的重要内容之一，进行长期跟踪研究，每年出版一部。本书是北京物资学院组织专家撰写的第四部《京津冀一体化物流发展报告》。

2018年我国物流业实现了快速发展，全国交通运输、仓储和邮政业增加值40 550亿元，增长8.1%，占GDP的比重为4.5%。全年货物运输总量515亿吨，比上年增长7.1%；货物运输周转量205 452亿吨公里，增长4.1%；全年规模以上港口完成货物吞吐量133亿吨，比上年增长2.7%，其中外贸货物吞吐量42亿吨，增长2.0%；规模以上港口集装箱吞吐量24 955万标准箱，增长5.2%；全年完成邮政行业业务总量12 345亿元，比上年增长26.4%；邮政业全年完成邮政函件业务26.8亿件，包裹业务0.2亿件，快递业务量507.1亿件，快递业务收入6 038亿元。

从京津冀物流发展状况看，2018年北京市交通运输、仓储和邮政业的地区生产总值为1 346.2亿元，比上年增加7%，占北京市地区生产总值的4.4%。北京市2018年货运量25 244.1万吨，比上年增长5.7%；货物周转量780.7亿吨公里，增长11.5%；全年实现邮电业务总量2 151.4亿元，比上年增长66.2%。其中，全年发送邮政函件2.1

亿件，下降22.6%；特快专递22.1亿件，下降2.9%。2018年天津市交通运输、仓储和邮政业增加值增长3.1%。天津市2018年货运量53 548.07万吨，比上年增长1.0%。其中，公路34 711.14万吨，铁路9 247.70万吨，水运8 260.94万吨。货物周转量1 984.28亿吨公里，增长2.3%。其中，公路404.10亿吨公里，铁路245.02亿吨公里，水运1 326.60亿吨公里；港口货物吞吐量5.08亿吨，增长1.4%；集装箱吞吐量1 600.69万标准箱，增长6.2%；货邮吞吐量25.87万吨，下降3.6%。天津市全年邮电业务总量851.05亿元，增长1.1倍。其中，电信业务总量735.71亿元，增长1.4倍，比上年加快73.4个百分点；邮政行业业务总量115.34亿元，增长8.7%。河北省2018年交通运输、仓储和邮政业实现增加值2 560.7亿元，比上年增长6.1%，占河北省地区生产总值的7.1%。河北省2018年货物运输总量25.0亿吨，比上年增长8.9%；货物周转量13 876.7亿吨公里，增长3.7%；沿海港口货物吞吐量11.6亿吨，增长6.2%；沿海港口集装箱吞吐量426.0万标准箱，增长13.8%。河北省2018年邮政行业业务总量380.1亿元，比上年增长41.3%。邮政函件业务4 914.6万件，下降10.4%；包裹业务128.2万件，下降0.5%；快递业务量17.4亿件，增长45.9%；快递业务收入180.8亿元，增长42.9%。全年完成电信业务总量2 785.3亿元，增长1.5倍。

对于京津冀物流业发展，需要我们针对存在的问题进行研究探讨。为此，《京津冀一体化物流发展报告（2018）》（简称《报告（2018）》）紧密结合《“十三五”时期京津冀国民经济和社会发展规划》和《京津冀协同发展交通一体化规划》《国家物流枢纽布局和建设规划》《优化口岸营商环境促进跨境贸易便利化工作方案》提出的要求，拟定选题和研究内容，最后共有5个专题研究选入《报告（2018）》，分别是京津冀物流通道效率对产业转移的影响、京津冀口岸港口物流效率研究、京津冀生鲜农产品冷链物流断链关键节点及对策、京津冀物流企业高质量发展评价、京津冀物流规制研究。目前，京津冀协同发展已经取得积极进展，京津冀发布的区域协同标准累计已达五十多项，京津冀正在向新的功能定位目标前进，物流一体化的格局正在形成。希望以《京津冀一体化物流发展报告（2018）》为载体，充分发挥我校的物流与流通研究优势，深入剖析我国物流业面临的供给侧结构性矛盾，不断优化物流市场营商环境，推动物流业与相关产业深度融合，加强物流基础设施网络协同，实施智慧物流发展战略，发展绿色低碳物流，真正实现京津冀物流一体化。

王可山　郝玉柱

2019 年 12 月

目录

CONTENTS

第一章

京津冀物流通道效率对产业转移的影响

本章通过对京津冀区域物流通道建设动态分析，并结合京津冀公路通道、铁路通道、水运通道、航空通道建设现状来综合表征京津冀物流通道的发展现状，同时分析了近年来国家与京津冀三地政府对物流通道建设出台的相关交通管理规划政策。进一步界定物流通道效率为物流通道系统提供生产性服务时，在固定投入数量下，实际产出偏离最大产出的程度，或在固定产出数量下，实际投入偏离最小投入的程度，主要反映资源实际配置与有效配置状态的对比关系。在此基础上，从政策、经济、技术及产业等方面分析影响物流通道效率的主要因素，并对物流通道效率的评价方法进行选择，选取货运量、物流增加值作为产出指标，公路里程、固定资产投资、物流从业人员和互联网宽带用户接入数作为投入指标，通过数据包络模型计算得到京津冀物流通道效率水平，基于动态和静态的角度对物流通道进行分析。通过分析通道效率对产业转移的影响机理，借鉴产业梯度系数衡量产业转移的趋势，利用皮尔森相关性分析方法分析物流通道产业梯度系数和物流通道效率的相关性，从而得到通道效率与产业梯度系数的相关关系，并基于改进的C-D生产函数构建京津冀物流通道效率对产业转移的影响模型，分析得出京津冀物流通道效率对通道产业转移具有正向影响。最后，根据以上研究对京津冀物流通道和产业发展提出了相关建议，应进一步加强物流通道节点建设，提高信息化水平，加速物流技术进步，加大政府支持力度，引导产业合理布局，提高物流资源配置能力，促进产业和物流通道协调发展。

本书研究思路如下：以京津冀区域物流通道为研究对象，结合《河北省综合交通运输体系发展“十三五”规划》中关于京津冀区域详细的物流通道规划，将京津冀区域物流通道划分为北京—（保定）—石家庄物流通道、石家庄—（邢台）—邯郸物流通道、北京—天津物流通道、北京—唐山物流通道、唐山—秦皇岛物流通道、石家庄—天津物流通道等“三横三纵”6条物流通道；通道所经过的节点城市主要有北京、天津、石家庄、唐山、秦皇岛、邢台、保定、邯郸8个城市。对京津冀6条主要物流通道效率水平进行分析，并在此基础上研究通道效率对产业转移的影响。主要的研究思路如图1-1所示。

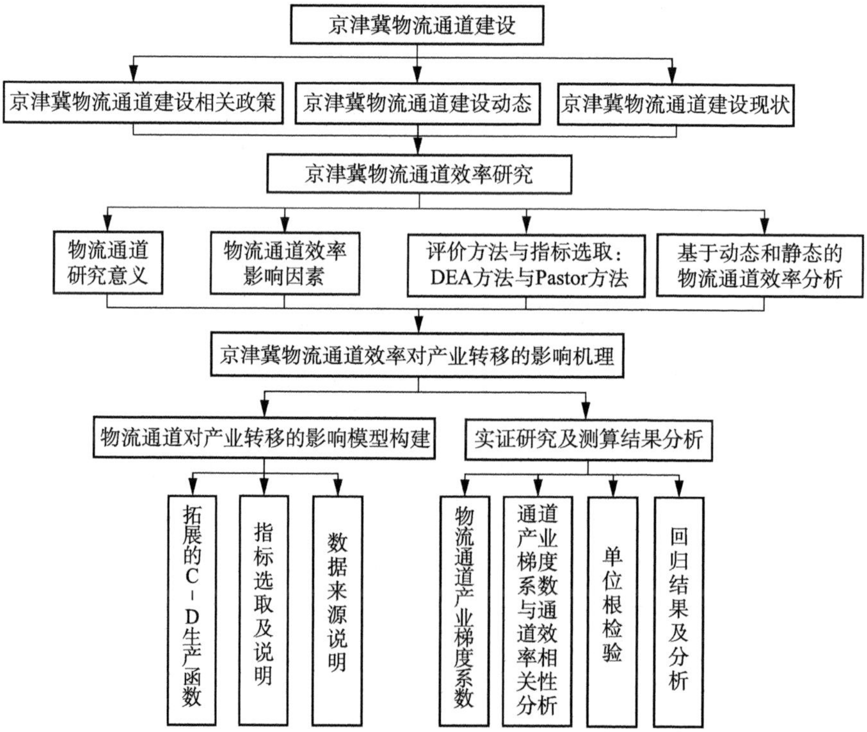

图1-1　研究思路

一、京津冀物流通道建设

（一）京津冀物流通道建设相关政策

2018 年，中央人民政府、国家发展改革委及京津冀三地政府和相关部门出台了多项政策，对物流通道一体化建设进程起到了重要的推动作用，各部门关于京津冀物流通道一体化建设的相关政策见表 1-1。

表 1-1　京津冀物流通道一体化建设相关政策

文件名称	部门	发布时间	发展目标	主要任务
推进运输结构调整三年行动计划（2018—2020 年）	国务院办公厅	2018-10-09	到 2020 年，全国货物运输结构明显优化，铁路、水路承担的大宗货物运输量显著提高	将京津冀及周边地区打造成为全国运输结构调整示范区
国家物流枢纽布局和建设规划	国家发展改革委、交通运输部	2018-12-21	到 2020 年布局建设 30 个左右国家物流枢纽，到 2035 年基本形成国家物流枢纽网络	选择 127 个城市作为国家物流枢纽承载城市，规划建设 212 个国家物流枢纽，包括石家庄、保定等 41 个陆港型，天津、唐山等 30 个港口型枢纽，北京、天津等 23 个空港型枢纽；支持京津冀等地区的承载城市在城市群内部开展国家物流枢纽合作共建，实现优势互补
促进城市南部地区加快发展行动计划（2018—2020 年）	北京市政府	2018-09-07	加强南部地区与核心区、北京城市副中心和河北雄安新区的连通	分别在公路和铁路方面，加快与雄安新区交通建设和加强北京东西向交通联系

续表

文件名称	部门	发布时间	发展目标	主要任务
通州区与廊坊北三县地区整合规划	北京市规划自然资源委 河北省住房和城乡建设厅	2018	推进北京城市副中心与北三县交通一体化	处理好副中心与通州区、廊坊北三县地区的关系，积极稳妥做好交界地区规划建设管理，推动北京城市副中心与河北省廊坊北三县地区统一规划、统一政策、统一标准、统一管控
推进河北省现代化综合交通运输体系建设三年行动方案（2018—2020 年）	河北省发展改革委、省交通运输厅	2018-02-24	到 2020 年，河北将实现市市通高铁、县县通高速公路	加快雄安新区对外骨干路网建设和张家口冬奥会交通保障项目建设，优化完善河北省港口、机场布局
国家综合立体交通网规划纲要（2021—2050 年）	国家交通运输部	2021-02-24	构造综合交通网络运输体系，具备覆盖国土、连通全球的能力	加强地上、地下、水上、空中各种运输方式的立体互联，加强通道资源的综合统筹

（二）京津冀物流通道建设动态

1. 北京市物流通道建设动态

2018 年 9 月 7 日，北京市政府发布了《促进城市南部地区加快发展行动计划（2018—2020 年）》。此次计划提到，未来将加强南部地区与核心区、北京城市副中心和河北雄安新区的连通。与雄安新区连通方面，将加快推进京雄城际铁路、京雄高速公路等重要通道建设。公路通道方面，围绕北京新机场建成“五纵两横一联络”骨干交通，加快建设 105 国道、108 国道三期（房山段）和 104 国道改造工程，加强东西向交通联系，加快推进房易路等道路改造，加强与中心城区联系，加快建设京良路东段、京良路西段、团河路、六圈路、园博大道南延等工程，规划建设房山区与中心城区之间新的交通联络线。铁路通道方面，加快推进丰台火车站改建及配套交通枢纽工程建设，研究推进黄村火车站、轨道交通北京新机场线磁各庄站一体化建设，研究规划市郊铁路京原线。

2019 年 9 月 25 日，北京大兴国际机场正式投入运营。根据北京市规划，未来新机场将建成“五纵两横”的交通网络，包括轨道交通、城际铁路、高速公路、城市道路。其中，轨道交通新机场线一期，亦于同年 9 月通车运营；京雄城际铁路，2020 年 12 月通车试运营。

北京城市副中心和北三县之间的交通一体化方案也有了新的进展：①京秦高速计划 2020 年全线竣工通车。2018 年，北京市规划和国土资源管理委员会与河北省住房和城乡建设厅联合启动编制《通州区与廊坊北三县地区整合规划》，范围包括通州区以及廊坊北三县地区的全部行政辖区。京秦高速连接北京通州、天津蓟州区、河北秦皇岛等地区，对于加强京津冀区域合作、促进区域交通协同发展、缓解通州北部地区与河北省三河燕郊地区的交通压力，以及带动道路沿线地区经济社会发展等方面具有重要意义。该区域道路网规划将合理引导廊坊北三县地区进出北京中心城区使用高速公路，降低穿越性交通对北京副中心发展的影响。②通州有望新添道路连接大厂。在北京城市副中心核心区北部，除京秦高速外，还将形成徐尹路对接燕郊北外环路等骨架网络。研究加强连接香河秀水街西延，副中心连接香河的骨架通道规划。在核心区南侧，也研究了通州连接大厂相关道路的骨架性通道。

自 2019 年 1 月 5 日起，全国铁路将实施新的列车运行图，此次调图将大幅提升京津冀物流通道能力。新列车通行图实施后，中国铁路北京局集团公司管内主要货运通道能力得到进一步扩充，整体运用效率得到提升，这将为调整运输结构、增加公转铁运量打下基础。唐山、天津等环渤海湾港口货运集疏运能力将大幅提升。其中，唐山至呼和浩特铁路煤炭万吨列车将由目前的 25 对增加至 28 对，唐山至曹妃甸铁路安排疏港矿石运行线 25 对，天津港安排疏港矿石运行线 50 对。

2. 天津市物流通道建设动态

天津市规划和自然资源局正按照国土空间总体规划编制要求，开展新一轮轨道交通线网规划编制工作。此次规划以建设“轨道上的京津冀”为目标，构建融合城际铁路、市域轨道、城市轨道、中运量公交的多模式一体化轨道交通网络，天津市轨道交通轨道线路数量和总规模都将有所增加。在区域铁路规划方面，为加快落实京津冀协同发展国家战略，天津市规划和自然资源局同天津市交通运输委等部门，配合中国铁路总公司组织开展了《京津冀核心区铁路枢纽规划》编制工作，进一步强化天津与北京、河北雄安和周边城市的铁路联系。与北京新机场联系方面，建设北京新机场联络线；与雄安新区联系方面，结合京雄铁路建设增加津保铁路联络线，远期规划新增津雄城际铁路，形成天津与雄安新区及西部地区的高速铁路通道；此外，规划还引入环渤海城际铁路、津承城际铁路、津沧城际铁路等，紧密联系承德、唐山、沧州等周边城市，增强天津在区域铁路中的协调组织功能。

天津市在构建开放式大通道方面，将完善向西、向北的铁路和公路通道网络，通达西北、华北，延伸至中西亚和欧洲，发展以中蒙俄经济带、新亚欧大陆桥经济走廊为重点的集装箱过境运输通道；加密和完善辐射东北亚、东南亚和海上丝绸之路沿线国家的航线航班。在构建门户式大枢纽方面，加快推进京津冀交通一体化，打造北京和雄安新区的重要出海口，积极参与京津冀机场群协同发展，发挥北京—天津枢纽衔接东北、畅通华东、华中、沟通西北的区位优势，主动对接雄安新区规划建设。在构建网络化大轨道上，围绕京津冀“四纵四横一环”规划布局，加快京滨、京唐铁路建设，推进天津至北京新机场联络线、津承城际、京沪高铁二通道等铁路规划建设，加快形成京津、京滨和津保—津秦、京沪高铁“两轴+十字”高铁客运格局，形成天津铁路枢纽疏港货运环线和“北进北出、南进南出”的市域铁路疏港结构。为构建门户式交通枢纽，天津市将加快推进京津冀交通一体化，积极融入京津冀交通大枢纽建设，打造通达全球、衔接高效、功能完善的国际性综合交通枢纽。天津市还将推动重点项目，启动津石高速公路天津西段前期工作，开工建设津石高速公路天津东段工程，实现梅丰、高王、候玉公路建成通车，滨玉、邦喜、仓桑公路全面实施建设。推动京滨、京唐城际建设和京沪高铁二通道等前期工作，完成京哈铁路蓟州南站改造工程。推动大沽沙航道扩能、大沽口港区粮油区 6、7 号通用泊位等项目建设，完成天津港大沽口港区东、北防波堤潜堤段和天津港南疆 27 号通用码头工程。提升一体化运输服务水平，完善天津机场客货运航线网络。

3. 河北省物流通道建设动态

2018 年 2 月 24 日，河北省发展改革委、省交通运输厅联合印发《推进河北省现代化综合交通运输体系建设三年行动方案（2018—2020 年）》（以下简称《方案》），明确实施加快建设雄安新区对外骨干路网等多项任务，加快现代化综合交通运输体系建设。到 2020 年，河北将实现市市通高铁、县县通高速公路。

（1）加快雄安新区对外骨干路网建设是重点任务之一。河北将建成京雄城际、京雄高速公路、荣乌高速公路新线京台高速公路至京港澳高速公路段、京德高速公路北京新机场至津石高速公路段等对外骨干交通路网项目和容易、安大两条施工通道。在张家口冬奥会交通保障项目建设上，河北将完成崇礼铁路、崇礼城区至太子城等 6 个核心区公路项目，张家口宁远机场改扩建工程、市区及赛场直升机停机坪、张家口南综合客运枢纽等 4 个客货运枢纽项目。

（2）根据《方案》，到 2020 年，河北将力争铁路运营里程达到 8 200 公里，快速铁路达到 1 700 公里，高速公路通车里程达到 8 300 公里。推进京津冀交通设施一体化建设，建成京沈客运专线、张呼铁路、张大铁路等项目，推进京唐城际、邢和铁路、北京机场城际铁路联络线一期、天津至北京新机场联络线等项目建设。加快建设京津冀重要“对接路”，建成京秦、津石等高速公路和 105 国道等干线公路。实施“县县通高速”和县际公路联通工程，建成苏张、张尚等高速公路。

（3）河北还将优化完善港口、机场布局。到 2020 年，河北省港口年设计通过能力将达到 12 亿吨，集装箱通过能力达到 600 万标准箱；运输机场达到 8 个，年旅客吞吐能力达到 5 900 万人次（含北京新机场 4 500 万人次）。加快建设贫困地区对外快速通道主骨架，全面打通燕山—太行山、黑龙港集中连片特困地区高速公路大通道 1 000 公里，改造升级普通干线公路 800 公里，建设农村公路 1.4 万公里，实现深度贫困建制村道路进村入户，所有贫困村通客车。

（4）《方案》明确，河北将完善推进机制，加大政策支持力度，加强督导考核工作，加快重点项目建设进度。每月底前，各地及相关部门向省发展改革委和省交通运输厅反馈项目实施进展情况。

（三）京津冀物流通道建设现状

1. 京津冀区域公路通道建设现状

（1）公路通道基本设施情况。2018 年京津冀公路密度达到 1.067 公里/平方公里，高速公路密度达到 0.045 公里/平方公里，京津冀区域的公路通道设施建设较为完善。表 1-2为 2012—2018 年北京市、天津市及河北省地区的公路通道设施情况。

表 1-2　京津冀三省市 2012—2018 年公路通道基本设施情况

年　份	北京市		天津市		河北省	
	长度/公里	载货汽车/万辆	长度/公里	载货汽车/万辆	长度/公里	载货汽车/万辆
2012	21 492	23.7	15 391	22.2	163 045	23.7
2013	21 673	25.7	15 718	24.3	174 492	25.7
2014	21 849	28.9	16 110	27.1	179 200	143.5
2015	21 885	30.6	16 550	27.6	184 553	146.6
2016	22 026	33	16 764	29.5	188 431	163.3
2017	22 226	36.7	16 532	31.9	191 693	174.3
2018	22 256	40	16 257	33.56	193 000	193.37

注：数据根据 2013—2019 年《北京市统计年鉴》《天津市统计年鉴》《河北省统计年鉴》整理。

（2）公路通车里程及密度情况。截至 2018 年底，京津冀区域公路通车里程由 2010 年的 19.03 万公里上升到 23.05 万公里，其中北京市 2.22 万公里，天津市 1.65 万公里，河北省 19.17 万公里。此外，2017 年天津市的公路里程相对 2016 年的有所下降。

公路密度指标可通过单位面积的公路里程表示，通过测算得出 2010 年至 2018 年京津冀公路密度和高速公路密度均逐渐增大，2017 年京津冀公路密度达到 1.067 公里/平方公里，高速公路密度达到 0.045 公里/平方公里。

2. 京津冀区域铁路通道建设现状

（1）铁路通道基本设施情况。2018 年北京市铁路长度为 1 103.1 公里，与 2017 年相比保持不变。天津市铁路长度较 2017 年略有增加，铁路长度增长到 1 153 公里。河北省 2018 年铁路长度为 7 362 公里。

（2）铁路货物运输量情况。2018 年京津冀区域铁路货物运输量总计达 240.7 万吨，京津冀三地 2012—2018 年各自铁路货物运输量情况见表 1-3。2018 年北京市铁路货物运输量为 569 万吨，已连续四年呈下降趋势；而天津、河北两地的铁路货运量均有大幅的提升，这主要和各地大力推行“公转铁”方案有关，其中，天津市要求充分发挥已有铁路专用线运输能力，提出增加铁路大宗货物中长距离运输量的政策措施。

表 1-3　京津冀三地铁路货物运输量　　单位：万吨

年份	北京	天津	河北
2012	1 232	2 970	43 429
2013	1 078	3 352	49 688
2014	1 132	3 686	48 063
2015	1 004	4 054	17 843
2016	725	4 543	16 313
2017	704	4 792	17 100
2018	569	9 247	20 000

注：数据根据《2018 年北京市统计年鉴》《2018 年天津市统计年鉴》《2018 年河北经济年鉴》整理。

3. 京津冀区域水运通道建设现状

（1）港口空间分布情况。京津冀区域港口指天津市以及河北省海岸线建有的港口，包括天津港、秦皇岛港、唐山港、黄骅港四大港口。

（2）港口基础设施情况。京津冀区域的港口分布在天津市及河北省相关地区，此处主要展示天津市港口相关设施情况，表 1-4 为天津市 2016—2018 年港口设施情况。

表 1-4　天津市 2016—2018 年港口设施情况

指　标	年　份		
	2016	2017	2018
码头长度/米	39 389	37 634	39 509
生产用码头长度/米	37 133	35 478	36 783
货物吞吐量/万吨	55 056	50 056	50 800
港口泊位/个	176	160	167
生产用泊位数/个	160	145	145
生产用万吨级泊位数/个	116	123	120
铁路专用线长度/米	130 172	129 949	—①
仓库总面积/平方米	434 519	413 350	—
堆场总面积/万平方米	1 157	1 844	—
集装箱堆场堆存能力/TEU	505 208	430 386	—
装卸机械台数/台	3 089	2 947	—

注：数据根据 2017—2019 年《天津统计年鉴》《中国统计年鉴》整理。

4. 京津冀区域航空通道建设现状

（1）机场空间分布情况。

2019 年 9 月 25 日北京大兴国际机场正式投入运营，因此到 2018 年底时，京津冀地区的民航机场从 2017 年的 9 个增加至 10 个，分别是北京大兴国际机场、北京首都国际机场、北京南苑机场、天津滨海国际机场、河北石家庄正定机场、河北张家口宁远机场、河北唐山三女河机场、河北邯郸机场、河北秦皇岛北戴河机场、河北承德普宁机场。其中北京市拥有 3 个机场，天津市拥有 1 个机场，河北省拥有 6 个机场。

① 《2019 年天津市统计年鉴》未统计铁路专用线长度、仓库总面积、堆场总面积、集装箱堆场堆存能力、装卸机械台数等数据。

（2）机场货物吞吐量情况。

2018 年京津冀各机场的货物吞吐量总计达 240. 7 万吨，比 2017 年增加了 1. 8%，相比于上年 4%的增长率，增速有所放缓。京津冀 2016—2018 年各机场的货物吞吐量见表 1-5。

表 1-5　2016—2018 年京津冀各机场货物吞吐量　　单位：吨

年份	北京首都机场	北京南苑机场	天津滨海机场	石家庄正定机场	邯郸码头机场	唐山三女河机场	张家口宁远机场	秦皇岛北戴河机场	承德普宁机场
2016	1 943 160	26 635	237 085	43 765	516	837	96. 5	426. 1	—
2017	2 029 584	23 205	268 284	41 013	703	1 261	122. 7	506. 2	3. 2
2018	2 074 005	25 122	258 735	46 146	1 005	1 192	88	513	94

注：资料根据中国民用航空局网站数据整理。

二、京津冀物流通道效率评价

对京津冀物流通道效率评价具有重要意义，既有利于当地政府对京津冀区域物流通道效率水平进行判断，从而为京津冀区域政府制定物流通道相关发展政策提供依据；又有助于区域物流通道效率的提升。通过对区域内物流通道效率值的测算，分析效率影响因素等，为效率提升提供方向，从而提升区域内物流业服务水平，为其他产业发展提供保障，促进区域经济的发展。依据《“十三五”现代综合交通运输体系发展规划》中所展现的综合运输大通道和综合交通枢纽示意图可清晰看出京津冀区域的物流通道走向及通道节点城市。此外，结合《河北省综合交通运输体系发展“十三五”规划》中关于京津冀区域的物流通道规划，这里将区域内的“北京—（保定）—石家庄、石家庄—（邢台）—邯郸、北京—天津、北京—唐山、唐山—秦皇岛、石家庄—天津”“三横三纵”6 条主要物流通道作为研究对象，通道所经过的节点城市有北京、天津、石家庄、唐山、秦皇岛、邢台、保定、邯郸 8 个城市。以 2008—2018 年京津冀区域内 6 条主要物流通道相关数据为基础进行效率值的计算，并分析效率变化的因素，从而找到物流通道效率提升路径。

（一）评价物流通道效率的意义

1. 通道效率的界定

目前关于物流通道的概念，业界还未形成统一的定论，基于《推动物流大通道建设行动计划（2016—2020年）》《国家物流枢纽布局和建设规划》等相关政策及相关文献[1-3]，结合项目小组前期的研究成果等将其定义为：由两条及以上且方向一致、距离相近、货物流动强度较大的运输干线，沿线城市重要的节点，维持物流通道正常运行的设备和信息支持线路组成的系统。

生产效率是指固定投入数量下，实际产出偏离最大产出的程度，或者固定产出数量下，实际投入偏离最小投入的程度，主要反映生产资源实际配置与有效配置状态的对比关系。生产效率值也可反映出达到最大产出、预定目标或是最佳营运服务的程度，一般用于生产制造业。借鉴已有研究，将物流通道效率定义为物流通道系统提供生产性服务时，在固定投入数量下，实际产出偏离最大产出的程度，或者在固定产出数量下，实际投入偏离最小投入的程度，主要反映资源实际配置与有效配置状态的对比关系。因此对于物流通道效率的计算可以从两个方面着手：第一，基于产出角度测算的效率，指假定投入确定下的产出可能拓展程度；第二，基于投入角度测算的效率，指假定产出确定下的投入可能减少的程度，由此来提高资源配置效率。

2. 效率评价的意义

评价物流通道效率对物流通道的建设具有指导意义。物流通道建设对于提升物流业服务水平、推动区域经济发展、保障国家重大战略的实施等具有重要作用。因此，物流通道效率的评价对提升物流业服务水平、推动区域经济发展、保障国家重大战略的实施具有间接作用。

早在2009年国务院颁布的《物流业调整和振兴规划》中就提到，建设十大物流通道和其他几个物流子系统构成我国物流业布局。2015 年 5 月，商务部等十部门联合印发《全国流通节点城市布局规划（2015—2020 年）》，确定了 2015—2020 年“三纵五横”的全国骨干流通大通道体系。2016 年 12 月，交通运输部联合国家发展改革委印发了《推动物流大通道建设行动计划（2016—2020 年）》，指出推进物流大通道建设是适应经济新常态的客观要求，是提升综合运输整体效能的重要手段，是支撑国家三大发展战略的有力举措。此外，2018 年 12 月 21 日国家发展改革委印发了《国家物流枢纽布局和建设规划》，其中提到要加强宏观层面的系统布局，统筹考虑国家重大战略实施，结合“十纵十横”交通运输通道和国内物流大通道基本格局，选择 127 个具备一定基础条件的城市作为国家物流枢纽承载城市，规划建设 212 个国家物流枢纽。

（二）物流通道效率的主要影响因素

1. 政策支持的影响

近十年来，国家颁布多条与物流通道相关的政策和法规来支持和规范物流通道的建设。2009 年国务院颁布的《物流业调整和振兴规划》中提出了九大物流区域、十大物流通道和一批物流节点城市构成我国的物流业布局。这是我国首次提出十大物流通道的说法，此后关于物流通道的相关政策逐渐增多，其中具有代表性的是在 2015 年 12 月 8 日，国家发展改革委和交通运输部联合发布《京津冀协同发展交通一体化规划》，其中提出扎实推进京津冀地区交通的网络化布局、智能化管理和一体化服务；在 2016 年 12 月，交通运输部联合国家发展改革委印发了《推动物流大通道建设行动计划（2016—2020 年）》，其中指出推进物流大通道建设是适应经济发展的客观要求，是提升综合运输整体效能的重要手段，是支撑国家三大发展战略的有力举措。

为了实现国家经济发展、物流业发展的目标，相关政府部门以及市场对物流通道的建设将提供更多资源。京津冀地区为支持即将在北京和张家口举办的 2022 年冬奥会和雄安新区的建设发展，将会吸引更多相关资源聚集，这对于提高物流通道效率具有重要意义。

2. 经济发展的影响

京津冀地区作为北方最大的经济区域，经济发达且人均收入高。随着人均收入水平的增高，城镇居民人均消费支出也在逐年增加且一直高于全国平均数值。经济与物流业的关系是相互促进的。一方面，区域经济需要高质量的物流服务来支撑其发展；另一方面，区域经济的繁荣会带动区域物流业的发展，不但有对基础设施的带动而且还有对物流需求量的带动。京津冀经济的发展尤其是电子商务的迅猛发展，以及区域内居民消费支出的增长，带来了快递业务量等物流需求的增长（以快递业务量为代表），势必引起区域内物流通道利用率的上升，货运量、物流增加值的增加，间接对物流通道效率造成影响。由图 1-2 可知，京津冀地区以及全国快递业务量都在逐年上升；三省市的快递业务量占全国快递业务量的比例达 10%左右。

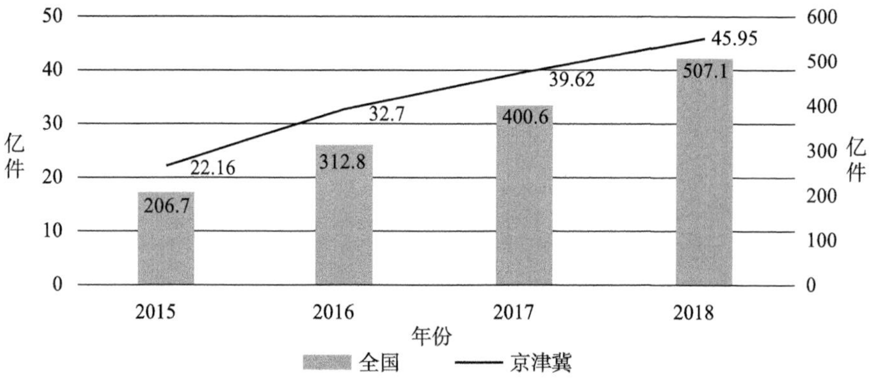

图 1-2 全国及京津冀地区 2015—2018 年快递业务量

3. 技术进步的影响

随着科学技术、高新技术（大数据、云计算、人工智能、物联网等新技术）在物流行业的广泛应用，推动物流行业从一个劳动密集型产业逐渐向技术密集型产业转变，使物流服务呈现数字化、自动化、智能化、共享化等特点。

技术的进步主要体现在高科技设备的应用，高科技设备的应用一方面降低了物流运营成本，另一方面也提升了物流服务质量。作为物流子系统的物流通道也得益于各种高科技设备的使用，不仅为通道降低成本，也为通道提升了服务质量，带来更好的客户体验。以快递业为例，由于数据分单、数据派单等技术的应用，推动快递业实现了作业环节和路线管控的智能化，结合物流地图实现了路线动态优化，提升了快件的转运效率。

4. 产业转移的影响

交通基础设施对区域经济集聚具有重要作用。一方面，物流通道作为交通运输基础设施的骨干，与交通基础设施一样必然对沿线区域的产业和经济发展产生重要影响；另一方面，物流通道的形成受到区域内产业发展的需要驱动。因此，部分对物流通道具有需求的产业发生转移，造成物流通道上货运量、物流增加值、后期建设投资等资源的变化，从而使区域物流通道效率发生改变。

（三）物流通道效率评价方法选择及指标选取

1. 物流通道效率评价方法

多数学者对物流业效率的研究方法主要集中在 DEA（数据包络分析法）、SFA（随机前沿法）、因子分析[4-6]等方法上，其中数据包络法使用频率更高、范围更广、适用性更强。在中国知网文献库以“效率分析”为关键字搜索到相关中外文献 32 830 篇，通过知网对搜索的结果进行计量可视化分析发现，主题分布第一名是 DEA；以“物流效率评价”为关键字搜索到相关文献 569 篇，同样对搜索结果进行计量可视化分析发现主题分布排名第一仍是 DEA，说明该方法适用性较强，研究较为成熟。

通过对比以上几种评价方法发现，DEA 更加适用于物流通道的多投入多产出的特点。DEA 主要的优点是：可用于多项投入与多项产出的效率评估，不受投入产出量纲的影响，通过一组关于输入-输出的观察值来估计有效生产前沿面。它不但可以用线性规划来判断决策单元对应的点是否位于有效生产前沿面上，还能获得许多有用的效率改进信息。因此，本书选用 DEA 的基本模型及扩展模型来测算京津冀区域物流通道效率，并从动态和静态两个角度进行结果分析，给出相应的效率改进的建议。这里选取了使用频次较高的两种效率评价方法做对比，详情见表 1-6。

表 1-6　SFA 与 DEA 对比

特点	SFA	DEA
优点	1. 考虑了随机因素对于产出的影响； 2. 结果较稳定，不易受异常点的影响； 3. 影响效率因素分析更为方便	1. 基本假设简单，易做模型扩展； 2. 只需已知投入产出的数据； 3. 可处理决策单元是多产出情况； 4. 无须统一指标量纲； 5. 无须计算指标权值； 6. 对决策单元的评价更客观
缺点	1. 基本假设较为复杂，数据要求高，计算困难； 2. 需要确定生产前沿的具体形式； 3. 要求产出为单一变量； 4. 投入指标数量，会对结果的可靠性产生影响	1. 未考虑到系统中随机因素的影响； 2. 结果的稳定性较差，容易受异常点的影响； 3. 影响效率因素分析需要构建模型； 4. 对技术有效单元无法进行比较

（1）DEA-CCR 模型。该模型由 A. Charnes、W. W. Cooper 和 E. Rhodes 于 1978 年提出，通过线性规划和统计数据确定相对有效的生产前沿面，将各个决策单元投影到 DEA 的生产前沿面上，并通过比较决策单元偏离 DEA 前沿面的程度来评价具有多投入和多产出的各个决策单元运行的效率，基本模型有 CCR 和 BCC 等。DEA-CCR 模型假设规模收益不变，这一假设表明被评价决策单元可以通过增加要素投入来等比例地扩大产出规模。基于投入角度的 DEA-CCR 模型如下：

$$\min[\theta-\varepsilon(e^T s^- + \hat{e}^T s^+)]$$

$$s.t.\begin{cases}\sum_{k=1}^{n}\lambda_k x_k + s^- = \theta x_t \\ \sum_{k=1}^{n}\lambda_k y_k - s^+ = y_t \\ \lambda_k \geqslant 0,\ s^- \geqslant 0,\ s^+ \geqslant 0\end{cases} \tag{1-1}$$

式（1-1）中，x_t、y_t 分别为第 t 个决策单元的投入、产出指标；λ_k

为各决策单元投入、产出变量的权重系数；ε 为非阿基米德无穷小量，通常取极小的正数，它确保了投入与产出权重为正值。e^T 为单位行向量；θ 为第 t 个决策单元的综合效率（即技术效率）；s^-，s^+分别为第 t 个决策单元投入的松弛向量和产出的紧缩向量。

若第 t 个决策单元的综合效率值 $\theta=1$，且 s^-，s^+全为 0，则认为第 t 个决策单元为 DEA 有效，即该决策单元产出与投入相匹配，投入量不宜再增加或减少；

若第 t 个决策单元的综合效率值 $\theta=1$，且 s^-，s^+有一个不为 0，则认为第 t 个决策单元为 DEA 弱有效；

若第 t 个决策单元的综合效率值 $\theta<1$，且投入、产出松弛向量 s^-，s^+不全为 0，则该决策单元为 DEA 无效，即用更少的投入即可达到现有的产出。

（2）DEA-Malmquist 指数模型。Malmquist 指数也称为 DEA-Malmquist 指数，是由瑞典统计学家 Malmquist 提出，并以其名字命名的指数。该指数用于研究时间序列的生产率变化，是对传统 DEA 模型的优化。该指数以产出为导向，假设规模报酬可变。计算公式如下：

$$M_{(t+1)}=\sqrt{\left[\frac{D^t(X_k^{t+1},\ Y_k^{t+1})}{D^t(X_k^t,\ Y_k^t)}\cdot\frac{D^{t+1}(X_k^{t+1},\ Y_k^{t+1})}{D^{t+1}(X_k^t,\ Y_k^t)}\right]} \tag{1-2}$$

其中，X_k^t、X_k^{t+1} 分别表示第 k 个决策单元在 t 和 $t+1$ 时刻的投入向量，Y_k^t、Y_k^{t+1} 分别表示第 k 个决策单元在 t 和 $t+1$ 时刻的产出向量，$D^t(X_k^t,\ Y_k^t)$与$D^t(X_k^{t+1},\ Y_k^{t+1})$分别表示第 k 个决策单元在 t 和 $t+1$ 时刻的技术距离。基

于产出、规模报酬可变的角度应用 DEA-Malmquist 指数模型对京津冀区域的物流通道服务效率进行时间序列的计算与分析。

2. 通道效率评价指标的选取

适当的投入指标以及产出指标的选取在 DEA 评价中占有重要地位。

通常要遵循以下原则来对 DEA 指标进行选取：①要求选取的决策单元具有相同的目标和任务，具有相同的投入和产出；②投入指标与产出指标之间需要互相关联；③所选指标的数值存在且为正值；④指标数量要少但要概括表达，决策单元的个数要大于等于投入产出指标个数之和的两倍左右。

在前人研究的基础上，初步选取货运量、物流增加值 2 项产出指标；公路里程、固定资产投资、物流从业人员、宽带接入户数、民用汽车保有量、授权专利数等 6 项投入指标。并对 2 个产出指标和 6 个投入指标分别进行相关分析，结果表示大部分指标之间有显著的相关关系，见表 1-7。投入指标和产出指标满足 DEA 相关约束条件，可进一步展开应用研究。

表 1-7 效率评价指标初步筛选

指标	指标名称	变量单位
产出	货运量 物流增加值	万吨 亿元
投入	公路里程 固定资产投资 物流从业人员 宽带接入户数 民用汽车保有量 授权专利数	公里 亿元 万人 万户 万辆 个

DEA 方法一般要求决策单元的数量要大于或等于投入产出指标数量之和的两倍左右。鉴于数据可得性，决策单元不多和候选指标数量较多，因此要对投入产出指标进行提取，选择可以充分代表决策单元效率的投入产出指标来对决策单元进行有效性评价。Pastor[7] 等人在严格的数学证明和推导的基础上提出了在评价中较为有效的指标筛选方法，称为 Pastor 方法，从拟确定的投入产出指标中选出最具代表性的指标。近年来，这种方法已经在很多有效性的评价中使用[8-12]，按照该方法，运用 CCR 模型测算不同

指标组合下物流通道的综合效率（技术效率），根据效率变化情况判断指标去留。该方法主要分为5个步骤。

第一，根据相关性最强的不大于两个的投入指标与不大于两个的产出指标建立基础模型，计算效率值。本研究只有两个产出指标，因而不用计算其相关性，投入指标较多，计算两两相关系数即可。投入指标的相关性结果见表1-8，从表中可以看出，固定资产投资和物流从业人员的相关性最强，因而选择这两个指标作为基础模型的投入指标。

表1-8 投入指标相关性分析结果

指标		公路里程/公里	固定资产投资/亿元	物流从业人员/万人	宽带接入户数/万户	民用汽车保有量/万辆	授权专利数/个
公路里程/公里	皮尔森相关性	1.000	0.323	0.254	0.730	0.629	-0.143
	Sig.（双尾）		0.532	0.628	0.100	0.181	0.787
固定资产投资/亿元	皮尔森相关性	0.323	1.000	0.989**	0.839*	0.913*	0.409
	Sig.（双尾）	0.532		0.000	0.037	0.011	0.420
物流从业人员/万人	皮尔森相关性	0.254	0.989**	1.000	0.790	0.882*	0.380
	Sig.（双尾）	0.628	0.000		0.062	0.020	0.458
宽带接入户数/万户	皮尔森相关性	0.730	0.839*	0.790	1.000	0.979**	0.377
	Sig.（双尾）	0.100	0.037	0.062		0.001	0.461
汽车保有量/万	皮尔森相关性	0.629	0.913*	0.882*	0.979**	1.000	0.337
	Sig.（双尾）	0.181	0.011	0.020	0.001		0.514

续表

指标		公路里程/公里	固定资产投资/亿元	物流从业人员/万人	宽带接入户数/万户	民用汽车保有量/万辆	授权专利数/个
授权专利数/个	皮尔森相关性	-0.143	0.409	0.380	0.377	0.337	1.000
	Sig.（双尾）	0.787	0.420	0.458	0.461	0.514	

注：*表示在0.05级别（双尾），相关性显著；**表示在0.01级别（双尾），相关性显著。

第二，增加一个变量到基础模型中，重新计算每个决策单元的效率。定义 η_i 为第 i 个物流通道在两个模型中效率变化的百分比，若 η_i 接近0，说明新添加的指标对效率值没产生显著影响。根据给出的判断标准，当 $|\eta_i|>0.1$ 时，增加的指标对物流通道的效率产生显著影响，这个指标就要添加到模型中。按照这个标准，第一步在基础模型（M1）中，依次引入剩下的四个投入指标建立M2-M5模型，并与基础模型（M1）进行比较，计算M2-M5中 $|\eta_i|>0.1$ 的样本百分比，发现引入指标宽带接入户数M3中效率变化的样本比例最大为36.36%，由此，M3为第二步的基础模型。

第三，第二步以M3为基础模型，重复第一步的做法，发现引入指标公路里程的M6中通道效率改变的样本比例最大为28%，因此M7为第三步的基础模型。

第四，第三步以M6为基础模型重复第一步，通道效率变化 $|\eta_i|>0.1$ 的样本比例为9.1%，根据Pastor的判断标准，若不存在15%以上的样本效率变化大于0.1，则新增指标对于模型产生的改变可以忽略，该指标就没有必要添加到模型中，初步确定M6为DEA评价模型。

第五，由于数据可得性等其他原因本研究中仅有11个决策单元，一般要求决策单元的数量要大于等于投入产出指标数量之和的两倍左右，前文已经选好2个产出指标，因此投入指标可选取3或4个，经过Pastor方法计算得出的投入指标为4个，较为符合要求，因此，将M6作为最终的评价模型，筛选过程见表1-9，最终确定的评价指标体系见表1-10。

表 1-9　利用 Pastor 方法筛选指标的过程与结果

			第一步					第二步				第三步	
		M1	M2	M3	M4	M5	M3	M6	M7	M8	M6	M9	M10
产出指标	货运量	X	X	X	X	X	X	X	X	X	X	X	X
	物流增加值	X	X	X	X	X	X	X	X	X	X	X	X
投入指标	公路里程		X					X			X	X	
	固定资产投资	X	X	X	X	X	X	X	X	X	X	X	X
	物流从业人员	X	X	X	X	X	X	X	X	X	X	X	X
	互联网宽带接入用户数			X			X	X	X	X	X	X	X
	民用汽车保有量				X				X			X	
	授权专利数					X				X			X
百分比/%			30	36. 36	27. 27	36		28	21	27		0	9. 1

表 1-10　京津冀物流通道效率评价指标体系

指标	指标名称	变量单位
产出	货运量	万吨
	物流增加值	亿元
投入	公路里程	公里
	固定资产投资	亿元
	物流从业人员	万人
	宽带接入户数	万户

3. 数据来源及指标说明

由于我国城市物流统计制度尚未完善，所以采用物流领域常用指标——交通运输、仓储和邮政业的相关数据进行数据分析。选用基于面板数据的 2008—2018 年年投入产出数据研究京津冀区域内 6 条主要物流通道的效率及变化特征。数据来源于 2008—2019 年《中国城市统计年鉴》、各城市《统计年鉴》、各城市《统计公报》《中国统计年鉴》等 6 条主要物流通道主要枢纽城市和 2 个物流通道经过的节点城市数据。固定资产投资、物流从业人员都是指交通运输、仓储邮政业内的，代表通道内的人力资本和物资资本投入情况；宽带接入户数代表物流通道区域内信息化水平。此外，产出指标中的货运量主要是指京津冀地区各通道的公路货运量，因为京津冀区域内河航运不发达，航空和海运更多是联系区域之外的运输方式，公路是区域内的主要物流运输方式。

（四）物流通道效率评价及结果分析

1. 基于 CCR 模型的静态效率分析

本部分基于空间维度对京津冀区域 6 条主要物流通道效率进行测算。以北京—（保定）—石家庄、石家庄—（邢台）—邯郸、北京—天津、北京—唐山、唐山—秦皇岛、石家庄—天津 6 条主要物流通道 2008—2018 年 11 年的投入产出指标数据为基础，将年份作为决策单元，应用计算软件 DEAP2.1 基于产出角度的规模效率可变来进行效率测算，具体计算结果见表 1-11。

表 1-11　京津冀区域 6 大物流通道效率值

年份	北京—（保定）—石家庄	石家庄—（邢台）—邯郸	北京—天津	北京—唐山	唐山—秦皇岛	石家庄—天津
2008	0.659	1.000	0.882	0.77	1.000	1.000
2009	0.695	0.87	0.842	0.716	0.969	0.783
2010	0.794	0.962	0.878	0.800	0.973	0.999
2011	1.000	0.948	0.99	1.000	0.956	1.000
2012	0.962	1.000	0.99	1.000	1.000	1.000
2013	1.000	0.96	0.93	1.000	1.000	1.000
2014	0.854	0.853	0.94	0.898	0.796	0.88
2015	1.000	1.000	0.94	1.000	0.767	0.97
2016	1.000	0.833	0.94	0.998	0.817	0.981
2017	1.000	1.000	0.94	1.000	1.000	1.000
2018	1.000	1.000	0.94	1.000	0.959	1.000
平均	0.906	0.948	0.928	0.926	0.931	0.965

注：数据根据京津冀三地 2008—2018 年《统计年鉴》及《国民经济和社会发展报告》数据整理。

由表 1-11 可看出，京津冀地区 6 条主要物流通道 11 年以来的综合效率情况。对比计算发现各条通道效率值都很高，70%以上的决策单元的效率值都大于 0.9，说明区域内物流通道投入资源得到了相对有效利用，通道配置能力较强；由图 1-3 可知，京津冀 6 条主要物流通道在 2008—2018 年之间的平均效率值及其排名，排名由高到低分别是：石家庄—天津、石家庄—（邢台）—邯郸、唐山—秦皇岛、北京—天津、北京—唐山、北京—（保定）—石家庄。从图中可看出与通道节点北京相关的物流通道效率值相对较低，均在最后三位，通过效率分解与相关政策研究分析，可能的原因是北京市产业转移造成众多物流需求量较大的工业、服务业向外搬迁，从而带来的物流需求量损失，造成规模效率的下降，最终导致与北京枢纽城市相关的物流通道效率值的降低。

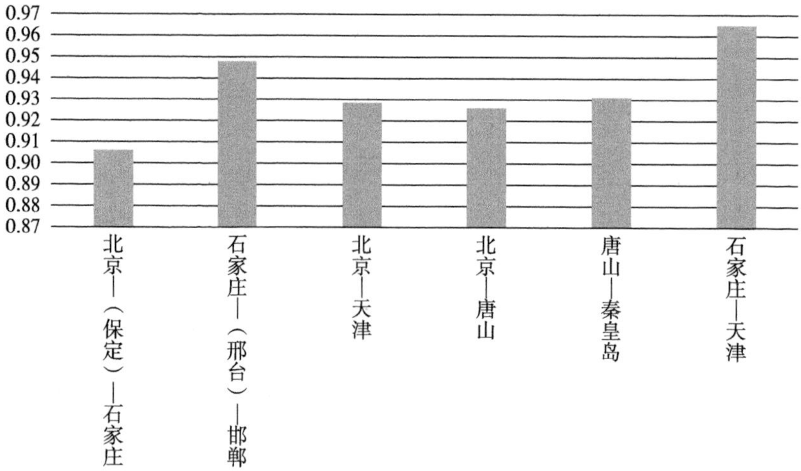

图 1-3　各通道 2008—2018 年期间平均效率值

2. 基于 Malmquist 指数模型动态效率分析

同时，基于时间维度以 2008—2018 年各物流通道投入产出数据，通过运用 Deap2. 1 软件计算 Malmquist 指数模型的结果，探究以产出为导向，各物流通道在规模报酬可变情况下的全要素生产率指标。

表 1-12 反映了 2008—2018 年 6 条主要物流通道全要素生产率的变化情况。由表可知京津冀区域内 6 条主要物流通道全要素生产率指数全都小于 1，表明物流通道全要素生产率呈现递减现象，各通道分别下降 7.4%、14%、3.8%、4.5%、9.9%和 5.1%，区域内物流通道技术进步指数全都小于 1，说明区域内物流通道技术进步速度降低。此外，区域内 6 条主要物流通道出技术效率都等于 1，而技术效率＝纯技术效率×规模效率，区域内物流通道技术效率指数的变化主要是由规模效率指数引起的。由表可知区域内只有“北京—天津、北京—唐山、唐山—秦皇岛”3 条物流通道的规模效率大于等于 1，且技术效率大于等于 1。技术效率值表示对生产前沿面[13]的追赶程度，若该值大于 1，表示生产更接近生产前沿面，利用技术的能力有所提高。因此，京津冀区域内“北京—天津、北京—唐山、唐山—秦皇岛”3 条物流通道利用技术的能力相比其他通道有所提高。

表 1-12　2008—2018 年 6 条物流通道 Malmquist 指数指标

物流通道	技术效率	技术进步	纯技术效率	规模效率	全要素生产率
北京—（保定）—石家庄	0.993	0.933	1.000	0.993	0.926
石家庄—（邢台）—邯郸	0.968	0.889	1.000	0.968	0.86
北京—天津	1.019	0.944	1.000	1.019	0.962
北京—唐山	1.021	0.935	1.000	1.021	0.954
唐山—秦皇岛	1.000	0.901	1.000	1.000	0.901
石家庄—天津	0.994	0.955	1.000	0.994	0.949

表 1-13 反映各年份全要素生产率变化情况。其中，除了（2013—2014 年）的其他年份全要素生产率均处于下降状态，该现象主要由技术进步的降低引起；（2013—2014 年）物流通道全要素生产率实现唯一高增长 10.2%，区域内 11 年间大部分技术效率接近于 1，其中共有 6 年技术效率大于等于 1。技术效率的提升表示该年份物流通道利用技术的能力有所提高，2008—2018 年的技术效率提升主要是由于规模效率引起。

表 1-13　2008—2018 年 Malmquist 指数指标

时　期	技术效率	技术进步	纯技术效率	规模效率	全要素生产率
2008—2009 年	0.987	0.839	1.000	0.987	0.828
2009—2010 年	1.014	0.842	1.000	1.014	0.853
2010—2011 年	1.014	0.87	1.000	1.014	0.882
2011—2012 年	0.988	0.91	1.000	0.988	0.899
2012—2013 年	1.038	0.867	1.000	1.038	0.901
2013—2014 年	0.953	1.157	1.000	0.953	1.102
2014—2015 年	1.006	0.98	1.000	1.006	0.986
2015—2016 年	1.005	0.946	1.000	1.005	0.951
2016—2017 年	0.976	0.983	1.000	0.976	0.96
2017—2018 年	1.011	0.903	1.000	1.011	0.913
平均值	0.999 2	0.929 7	1.000	0.999 2	0.927 5

3. 效率评价结果的讨论

本部分的研究是基于对物流通道效率定义、影响物流通道效率因素分析的基础上进行效率评价。运用 DEA 的基本模型和 Malmquist 指数模型基于 2008—2018 年的投入产出数据对京津冀区域内 6 条主要物流通道效率进行评价。首先使用 Pastor 方法进行指标选取，选出主要的四个投入指标：公路里程、固定资产投资、物流从业人员、宽带接入户数。然后，使用 DEA 的基本模型和 Malmquist 指数模型进行效率计算。

基于 CCR 模型的物流通道效率值对比分析发现，京津冀区域内 6 条主要物流通道效率值在空间上呈现：①2008—2018 年的平均物流通道效率排名由高到低分别是：石家庄—天津、石家庄—（邢台）—邯郸、唐山—秦皇岛、北京—天津、北京—唐山、北京—（保定）—石家庄；②效率值最高的通道是“石家庄—天津”，主要是由于“石家庄—天津”物流通道处于全国 11 大物流通道的沿海通道，连接的物流节点天津港物流货运量大，物流技术水平高等因素；③效率最低的通道是“北京—（保定）—石家庄”主要是由于物流通道长度过长，投入指标——公路里程数量较大；④发现效率最低的三条通道均有物流节点城市——北京。

基于 Malmquist 指数模型对京津冀区域 6 条物流通道的效率进行时间动态研究发现：①2008—2018 年 6 条物流通道全要素生产率指数全都小于 1，物流通道全要素生产率呈现递减现象，且区域内物流通道技术进步指数全都小于 1，说明区域内物流通道技术进步速度降低。②除了 2014 年的其他年份全要素生产率均处于下降状态，此现象主要由技术进步的降低引起，2014 年物流通道全要素生产率实现唯一高增长 10.2%。

三、京津冀物流通道效率对产业转移的影响分析

（一）物流通道效率对产业转移的影响机理

物流通道作为区域经济发展中的基础设施条件，对沿通道区域内外经

济的发展有着十分重要的影响。区域内经济互联互动离不开物流通道的发展[14]，物流通道通过通道干线和物流节点的衔接承担经济活动中供需双方的物资流通，对覆盖范围内产业空间结构具有一定的改造作用。由于区域经济发展水平受到地理环境、文化和政策多种因素的影响[15-17]，因此各区域间的经济发展形成经济梯度差异，一般是经济发达地区的经济梯度或产业梯度较高，经济不发达的地方经济梯度或产业梯度较低。由产业梯度转移理论可知，城市发展到一定程度时，必然会出现产业梯度转移，转移的方向一般是由经济梯度或者产业梯度水平较高的一方向经济梯度或者产业梯度低的一方转移。随着发达地区的经济进一步发展，该地区成本较高的产业存在着向成本较低的经济较为不发达的地区转移的客观需要，但实际上，产业在进行转移时，物流通道效率水平作为影响产业转移的因素，对沿物流通道区域经济发展有着不可忽视的影响。物流通道效率一方面影响物流通道对周边产业的覆盖范围，另一方面也影响着物流通道内部联系的能力和强度。同理，产业进行转移时，产业会根据自身对物流服务效率的需求和理想预期选择进入具有比较优势的物流通道，进而体现更大的生产力[14]。因此研究物流通道效率对产业转移影响的机理，对实现区域经济平衡发展和促进区域间产业梯度转移具有重要的意义。

1. 促进相关产业发展

高服务效率的物流通道对产业具有集聚作用。物流通道的建设为产业发展提供良好的基础设施和发展环境。通过运输干线和物流节点的衔接，使区域间经济联系更加紧密，形成较好的物流网络，提高区域内物流通道可达性，增强通道运输能力，吸引部分对物流需求较大的企业分布在通道周边，形成物流通道产业带。依托物流通道，企业能够降低物流成本，提升物流服务质量，增加物流服务范围，提高竞争优势，因此，物流通道对产业具有吸引作用，产业的物流活动也将围绕物流通道开展。

2. 形成通道依赖

低服务效率的物流通道对产业转移具有滞缓作用。各类产业发展离不开物流行业的支撑，产业的经济活动都需要物流作为载体才能实现。不同产业之间存在着联系，产业之间相互作用、相互影响，高服务效率的物流通道优先带动部分产业发展，形成通道产业带。低服务效率的物流通道对产业的吸引力较小，从而使得该通道对产业转移的阻碍作用也越来越小，低服务的物流通道效率变现为具有较强的分散力，使产业难以独立的转移，从而形成通道依赖。

3. 影响物流通道能力

产业向物流通道周边集聚或者转移，对区域物流通道能力产生影响。物流业作为服务性行业，与区域内其他产业有着较强的相关性。产业沿着高服务效率的物流通道集聚，依附物流通道在空间上成带状分布，形成产业带，带动城市间互联、互通、互动程度加深。产业的发展使得沿物流通道区域的联系更加紧密，随着经济的发展，物流通道干线附近的城市连接成片，区域物流通道辐射效应增强，从而提高区域物流通道可达性水平。反之，产业从低服务效率的通道周边向区域外转移，将会减少对产业转出地的物流通道能力的需求。

4. 带动通道建设发展

产业进行转移时，会根据自身对物流服务效率的需求和理想预期选择进入具有比较优势的物流通道，进而体现更高的生产力，从而产生超额利润。通道内产业能够提供更多的产品种类和数量，减少从通道外输入的产品种类和数量，降低了物流通道内产业与通道外产业的交往成本。高物流通道服务效率的运输成本较低，因此高服务效率的物流通道对产业具有更高的吸引力，从而使得通道外产业向通道内转移，促使通道区域交通投资增多，使该通道的物流通道干线及物流节点形成具有更大潜力的“增长极”，提升通道所在地的交通区位优势，促进通道建设的发展。

（二）物流通道效率对产业转移的影响模型构建

在产业转移过程中，物流通道作为区域经济活动的载体，发挥着重要的作用。物流通道作为物流基础设施，为产业的转移提供相关的物流服务，从而推动或阻止产业进行转移。研究物流通道效率对产业转移的影响，通过对道格拉斯 C-D 生产函数进行改进，建立拓展的生产函数模型，将物流通道效率当作投入变量，区域内产业梯度系数当作产出变量，衡量物流通道效率对区域内产业转移的影响大小。通过皮尔森相关系数分析物流通道效率与产业转移之间的相关性，从而判断区域内物流通道效率与产业转移之间的关系。

1. 模型构建

美国数学家柯布和经济学家保罗·道格拉斯在研究投入、产出和技术资源的关系时创造出了 C-D 生产函数，简称生产函数。广泛应用于各个领域，其一般形式为：

$$Y=AK^{\alpha}L^{\beta} \qquad (0<\alpha、\beta<1) \tag{1-3}$$

其中，Y 表示工业总产值；A 表示全要素生产率；K 表示投入的劳动力数（单位是万人或人）；L 表示固定资产净值（单位为亿元或万元），即资本要素投入；α 表示生产要素产出弹性，β 表示生产要素替代弹性。对方程两边同时取对数，可得生产函数基本模型如下：

$$\ln Y=\ln A+\alpha\ln K+\beta\ln L \tag{1-4}$$

本章主要研究的是物流通道效率对产业转移的影响，因此，投入指标选取上文所用的影响物流通道的 6 个指标，产出指标采用产业梯度系数来衡量产业转移的趋势，将这些指标纳入 C-D 生产函数模型中[18-19]，综上，得到改进后的模型为：

$$\ln IGC_j=C+\beta_0\ln LC_{it}+\varepsilon_{it} \tag{1-5}$$

其中，IGC_j表示的是区域各产业梯度系数；C 表示常数项；LC_{it}表示的是物流通道效率水平；ε_{it}表示随机误差项；i 表示某产业，t 表示某时期；β_0表示产业产出影响因素的影响系数。产业梯度系数的测算是由物流通道区位熵、物流通道比较劳动率而确定的，具体计算过程如下。

（1）物流通道区位熵。区位熵最初是由 Haggett 提出用于衡量地区内生产要素分布格局的概念，又称专业化率[1]。参考区位熵的计算方法，为衡量物流通道内产业的分布情况，采用物流通道区位熵（LQ）的计算公式，如下：

$$LQ_j=\left(\frac{i_j}{G_j}\right)/\left(\frac{i}{G}\right) \tag{1-6}$$

其中，LQ_j表示 j 物流通道的规模以上工业在京津冀区域内的区位熵；i_j表示 j 物流通道的规模以上工业产值，i 表示京津冀区域规模以上工业产值；G_j表示 j 物流通道的地区生产总值；G 表示京津冀区域国内生产总值。当区位熵$LQ_j>1$ 时，表明 j 物流通道产业的集中度大于该区域的平均水平，该地区此产业具有比较优势，具有较强的竞争力；当区位熵$LQ_j=1$ 时，表明该地区产业无明显的优势；当区位熵$LQ_j<1$ 时，表明该地区此产业处于比较劣势，竞争力较弱。

（2）物流通道比较劳动率。本研究选用比较劳动生产率作为衡量劳动生产率大小的指标，该指标能够反映劳动力在经济活动中创造的价值水平[2]。通过从比较劳动生产率较低的区域转向比较劳动生产率较高的区域转移，产业结构能够实现优化升级。为衡量物流通道内产业的劳动生产率，采用物流通道比较劳动生产率（CPOR）的计算公式，如下：

$$CPOR_j=\left(\frac{i_j}{l_j}\right)/\left(\frac{i}{l}\right) \tag{1-7}$$

其中，$CPOR_j$表示 j 物流通道的比较劳动生产率；l_j表示 j 物流通道的劳动就业规模；l 表示京津冀区域劳动就业规模。$CPOR_j$的数值越高，代表物流通道内产业的劳动生产率越大。因此，当$CPOR_j>1$ 时，表明 j 物流通道内产业的劳动生产率较高；当$CPOR_j<1$ 时，表明物流通道内产业的劳动生产率相对较低。

（3）物流通道产业梯度系数。产业梯度系数用来衡量区域产业梯度水平。其具体计算的方法是区位熵和比较劳动生产率之积[3]。产业梯度系数在一定程度上修正了区位熵与比较劳动生产率的偏差，是研究区域产业结构的重要指标。本研究为衡量物流通道产业梯度水平，采用物流通道产业梯度系数（IGC）的计算公式，如下：

$$IGC_j=LQ_j\times CPOR_j \tag{1-8}$$

其中，IGC_j表示 j 物流通道产业梯度系数。IGC_j的数值越高，代表 j 物流通道产业梯度水平越高。因此，当$IGC_j>1$时，表明j物流通道处于较高产业梯度水平；当$IGC_j<1$时，表明j物流通道处于较低产业梯度水平。产业梯度系数越高，说明专业化程度越高，一般来说，高梯度产业会向低梯度产业转移。

2. 指标选取

根据物流通道和区域产业发展的实际情况，结合对物流通道效率评价指标的选取，按照指标的客观性和紧密性，数据来源的可靠性和可获得性等原则，研究物流通道效率对产业转移影响的投入指标，进而从公路里程、固定资产投资、物流从业人员、互联网宽带接入用户数，民用汽车保有量，授权专利数等6个细分指标进行分析[20-23]。为了减少自变量之间的共线性，并减轻模型的复杂性，在剔除了一些不必要的影响因素后，最终确定模型核心指标选取情况见表1-14。

表1-14　物流通道产业投入的指标分类

一级指标	二级指标	含　义
物流通道效率水平	公路里程	反映地区运输干线的投入水平
	固定资产投资	代表地区未来的发展水平
	物流从业人员	反映地区劳动规模水平
	互联网宽带接入用户数	代表地区信息化水平
	民用汽车保有量	衡量地区物流基础设施水平
	授权专利数	衡量地区技术创新能力

根据式（1-8）拓展的C-D生产函数以及表1-14中物流通道产业投入二级指标的确定，衡量区域产业梯度水平，可以将物流通道效率水平包含的各二级指标带入物流通道效率对产业转移的影响模型，以便找出对产业转移影响的显著性因素，构建物流通道内产业投入产出的多元线性回归模型，如下：

$$\ln IGC_j=C+\beta_1\ln(X_1)_{it}+\beta_2\ln(X_2)_{it}+\beta_3\ln(X_3)_{it}+\beta_4\ln(X_4)_{it}+\beta_5\ln(X_5)_{it}+\beta_6\ln(X_6)_{it}+\varepsilon_{it} \quad (1-9)$$

其中，C 是常数项；β_1、β_2、β_3、β_4、β_5、β_6分别表示影响因素公路里程（X_1）、固定资产投资（X_2）、物流从业人员（X_3）、互联网宽带接入用户数（X_4）、民用汽车保有量（X_5）、授权专利数（X_6）对产业产出的影响系数；ε_{it}表示其他因素随机误差项，包含其他影响因素对物流通道内产业产出的影响。

3. 数据来源说明

由于我国城市物流统计制度尚未完善，采用物流领域常用指标——交通运输、仓储和邮政业的相关数据进行数据分析。选用基于面板数据的 2010—2018 年投入产出数据研究京津冀物流通道效率对产业转移的影响。数据来源于 2010—2019 年《中国城市统计年鉴》、各城市统计年鉴、各城市发展公报以及中经网统计数据。本研究中所用到的京津冀物流通道的投入产出指标数据均为各物流通道内枢纽（城市）相关数据之和。

（三）实证研究

1. 京津冀区域物流通道产业梯度系数

根据上文提到的区域物流通道产业梯度系数的计算方法，计算京津冀区域物流通道产业梯度系数。首先要计算京津冀区域物流通道的区位熵和物流通道比较劳动生产率。考虑到数据的可获得性，本研究在计算物流通道比较劳动率时，用物流通道区域的就业人数来反映该物流通道的劳动就业规模。通过对相关数据的收集和处理，从而得到京津冀地区 6 条物流通道的区位熵、比较劳动生产率和产业梯度系数等数据，见表 1-15～表 1-17。

表 1-15　2010—2018 年京津冀地区各物流通道区位熵

年份	北京—石家庄	石家庄—邯郸	北京—天津	北京—唐山	唐山—秦皇岛	石家庄—天津
2010	0.77	1.14	0.88	0.77	1.11	1.21
2011	0.88	0.46	1.44	1.09	1.16	1.55

续表

年份	北京—石家庄	石家庄—邯郸	北京—天津	北京—唐山	唐山—秦皇岛	石家庄—天津
2012	0. 87	0. 43	1. 46	1. 09	1. 16	1. 57
2013	0. 73	1. 10	0. 88	0. 74	1. 12	1. 20
2014	0. 74	1. 17	0. 85	0. 71	1. 09	1. 21
2015	0. 72	1. 19	0. 84	0. 67	1. 06	1. 25
2016	0. 71	1. 20	0. 80	0. 67	1. 14	1. 19
2017	0. 67	1. 12	0. 82	0. 63	1. 04	1. 25
2018	0. 65	1. 23	0. 79	0. 61	1. 12	1. 29

表 1-16　2010—2018 年京津冀地区各物流通道比较劳动生产率

年份	北京—石家庄物流通道	石家庄—邯郸物流通道	北京—天津物流通道	北京—唐山物流通道	唐山—秦皇岛物流通道	石家庄—天津物流通道
2010	0. 57	1. 34	0. 73	0. 59	1. 56	1. 58
2011	0. 64	0. 57	1. 13	0. 83	1. 75	1. 83
2012	0. 65	0. 53	1. 20	0. 86	1. 69	1. 94
2013	0. 55	1. 25	0. 74	0. 59	1. 62	1. 52
2014	0. 57	1. 27	0. 75	0. 58	1. 59	1. 58
2015	0. 55	1. 32	0. 74	0. 54	1. 53	1. 66
2016	0. 55	1. 35	0. 71	0. 54	1. 60	1. 63
2017	0. 50	1. 44	0. 68	0. 48	1. 65	1. 68
2018	0. 51	1. 33	0. 69	0. 51	1. 69	1. 62

表 1-17　2010—2018 年京津冀地区各物流通道产业梯度系数

年份	北京—石家庄	石家庄—邯郸	北京—天津	北京—唐山	唐山—秦皇岛	石家庄—天津
2010	0. 44	1. 53	0. 65	0. 46	1. 73	1. 92
2011	0. 56	0. 26	1. 63	0. 91	2. 02	2. 83
2012	0. 56	0. 23	1. 75	0. 94	1. 96	3. 05

续表

年份	北京—石家庄	石家庄—邯郸	北京—天津	北京—唐山	唐山—秦皇岛	石家庄—天津
2013	0.40	1.38	0.65	0.44	1.81	1.83
2014	0.42	1.48	0.64	0.41	1.73	1.90
2015	0.40	1.57	0.63	0.36	1.63	2.08
2016	0.39	1.63	0.57	0.36	1.82	1.94
2017	0.34	1.60	0.56	0.30	1.72	2.11
2018	0.33	1.64	0.54	0.31	1.90	2.09

由图 1-4 可知，京津冀各物流通道产业梯度系数存在差异，且随着时间的变化而发生变化。从京津冀各个通道不同时期的物流通道产业梯度系数变化情况来看，北京—石家庄物流通道产业梯度系数呈现先上升后下降趋势，最大产业梯度系数出现在 2011 年和 2012 年，达到 0.56，最小产业梯度系数出现在 2018 年，达到 0.33，且产业梯度系数均小于 1，表明北京—石家庄物流通道产业梯度水平较低；石家庄—邯郸物流通道产业梯度系数呈现先下降后上升的趋势，其中，最大产业梯度系数出现在 2018 年，达到 1.64，最小产业梯度系数出现在 2012 年，达到 0.23；石家庄—天津物流通道和唐山—秦皇岛物流通道总体呈现先上升后下降再上升再下降再上升的波动趋势，两条通道的产业梯度系数均大于 1，表明这两条物流通道区域的产业梯度水平较高；北京—天津物流通道和北京—唐山物流通道总体呈现先上升后下降的趋势，其中，北京—天津物流通道产业梯度系数在 2011 年和 2012 年高达 1.63 和 1.75，其余年份物流通道产业梯度系数均小于 1，北京—唐山物流通道产业梯度系数均小于 1，表明该通道区域产业梯度水平较低。

图 1-5 反映 2018 年各物流通道产业梯度系数和 2010—2018 年京津冀区域各物流通道产业梯度系数平均值。由图可知，2018 年京津冀区域各物流通道产业梯度系数最大的是石家庄—天津物流通道，为 2.09，最小的是北京—唐山物流通道，为 0.31；北京—石家庄物流通道产业梯度系数平均

值最低，仅为0.43，小于1，表明北京—石家庄物流通道产业梯度水平较低；石家庄—天津物流通道产业梯度系数平均值最高，达到2.19，远大于1，表明石家庄—天津物流通道产业梯度水平较高。

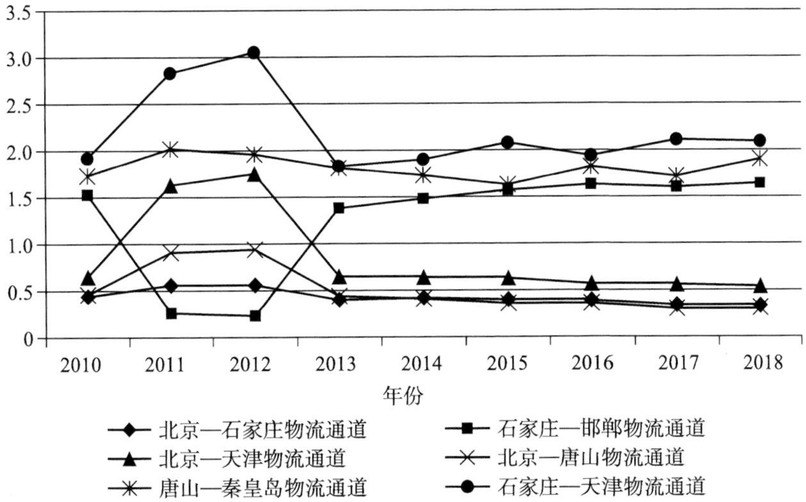

图1-4　2010—2018年京津冀各物流通道产业梯度系数

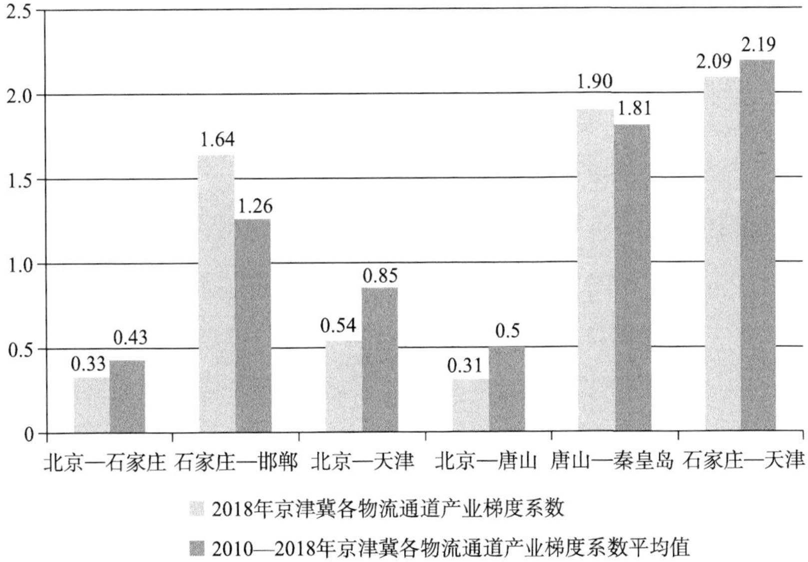

图1-5　2010—2018年京津冀物流通道产业梯度系数平均值

图 1-6 反映 2010—2018 年各时期京津冀物流通道产业梯度系数平均值差异。结果显示，京津冀物流通道产业梯度系数的平均值随时间变化呈现先上升后下降趋势，整体波动幅度较为平缓。最大物流通道产业梯度系数出现在 2012 年，达到 1.42，最小产业梯度系数出现在 2013 年，为 1.09，均大于 1，表明京津冀区域整体物流通道产业梯度处于较高水平。

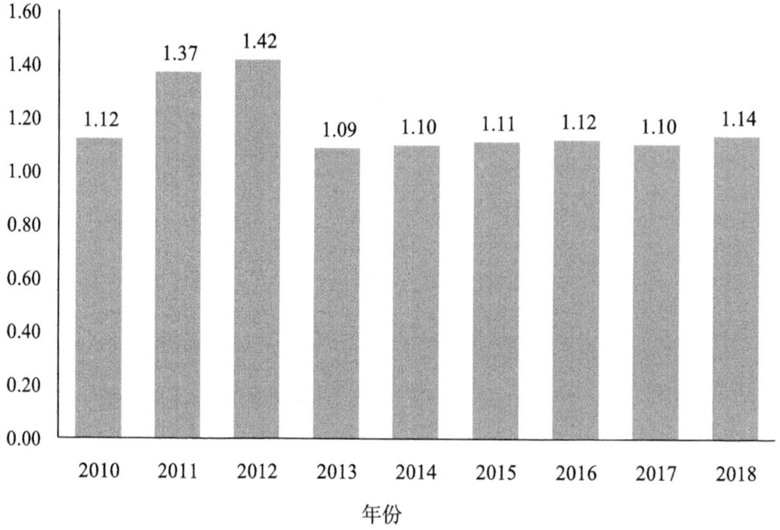

图 1-6　2010—2018 年京津冀物流通道产业梯度系数平均值

2. 产业梯度系数和通道效率相关关系分析

根据第二章内容可知，本研究采用公路里程、固定资产投资、物流从业人员、互联网宽带接入用户数等 4 个投入指标分析京津冀物流通道效率，运用 DEAP2.1 软件进行计算，从而得到京津冀物流通道的综合效率。京津冀物流通道产业梯度系数和通道综合效率具体数据见表 1-18。

根据 2010—2018 年京津冀各物流通道产业梯度系数的平均值和京津冀物流通道综合效率平均值，发现两项指标在时空维度的整体变化趋势具有一致性，具体趋势如图 1-7 所示。

表 1-18　2010—2018 年京津冀各物流通道产业梯度系数和综合效率值

年份	北京—石家庄		石家庄—邯郸		北京—天津		北京—唐山		唐山—秦皇岛		石家庄—天津	
	产业梯度系数	综合效率	产业梯度系数	综合效率	产业梯度系数	综合效率	产业梯度系数	综合效率	产业梯度系数	综合效率	产业梯度系数	综合效率
2010	0.44	0.794	1.53	0.962	0.65	0.878	0.46	0.8	1.73	0.973	1.92	0.999
2011	0.56	1	0.26	0.948	1.63	0.99	0.91	1	2.02	0.956	2.83	1
2012	0.56	0.962	0.23	1	1.75	0.99	0.94	1	1.96	1	3.05	1
2013	0.40	1	1.38	0.96	0.65	0.93	0.44	1	1.81	1	1.83	1
2014	0.42	0.854	1.48	0.853	0.64	0.94	0.41	0.898	1.73	0.796	1.90	0.88
2015	0.40	1	1.57	1	0.63	0.94	0.36	1	1.63	0.767	2.08	0.97
2016	0.39	1	1.63	0.833	0.57	0.94	0.36	0.998	1.82	0.817	1.94	0.981
2017	0.34	1	1.60	1	0.56	0.94	0.30	1	1.72	1	2.11	1
2018	0.33	1	1.64	1	0.54	0.94	0.31	1	1.90	0.959	2.09	1

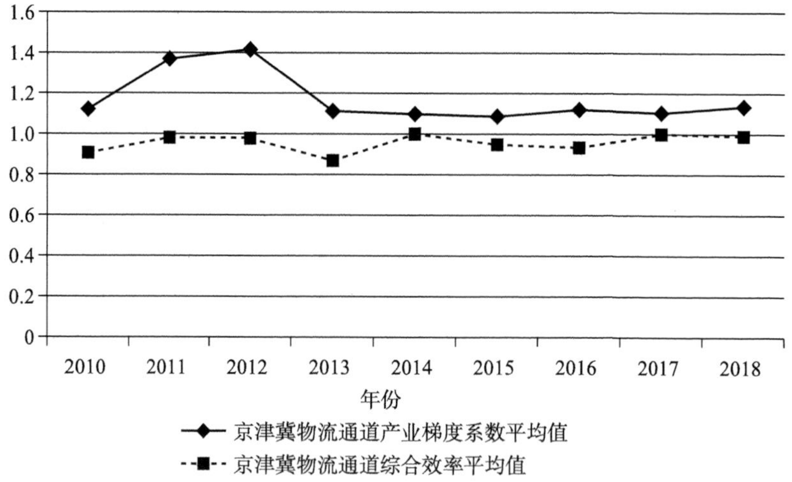

图 1-7　京津冀区域物流通道产业梯度系数和通道效率趋势图

由于服务效率的取值范围为［0，1］，当投入产出比达到最优时，效率的取值为1，表现为该时期京津冀物流通道的效率变化趋势是一条水平线，相关性减弱。本研究通过皮尔森相关系数和 EViews10 统计分析软件分析京津冀物流通道效率与产业转移的相关性，通过产业梯度系数衡量区域产业梯度水平，从而来表征产业转移趋势。

皮尔森相关系数是一种线性相关系数，常用于反映变量之间的线性相关程度，通常用 r 表示 r 的取值范围为［-1，1］。

当 $r>0$ 时，变量间呈正相关关系；

当 $r<0$ 时，变量间呈负相关关系；

当 $r=0$ 时，变量间无线性相关关系，但可能存在其他非线性相关关系。

r 的绝对值越大，相关关系越显著。根据表 1-18 中 2010—2018 年京津冀物流通道产业梯度系数和综合效率数据计算结果，得到京津冀物流通道服务效率与产业梯度系数的皮尔森相关系数，结果见表 1-19、表 1-20。结果显示京津冀物流通道服务效率与产业梯度系数呈正相关关系，即服务效率对产业转移具有正向影响。

表 1-19　京津冀物流通道皮尔森相关性分析结果

		产业梯度系数平均值	综合效率
产业梯度系数平均值	皮尔逊相关性	1	0.444
	Sig.（双尾）		0.232
	个案数	9	9
综合效率	皮尔逊相关性	0.444	1
	Sig.（双尾）	0.232	
	个案数	9	9

表 1-20　各变量描述统计性结果

	系数	标准误差	t 检验值	统计 P 值	下限 95.0%	上限 95.0%
截距	-0.023	0.915	-0.026	0.980	-2.186	2.139
X 变量 1	1.256	0.959	1.310	0.232	-1.011	3.524

3. 数据收集与处理

以京津冀区域 6 条主要物流通道为研究对象，研究其通道效率对该区域产业转移的影响，选取公路里程、固定资产投资、物流从业人员、互联网宽带接入用户数，民用汽车保有量，授权专利数等指标作为投入指标，通过对指标数据的收集和处理，得到主要描述性统计结果见表 1-21。

表 1-21　主要变量的描述性统计

变量代码	变量名称	单位	个数	平均值	标准差	最小值	最大值
IGC	京津冀物流通道产业梯度系数	/	54	1.173	0.752	0.230	3.053
$\ln X_1$	公路里程	公里	54	10.578	0.283	10.011	11.047
$\ln X_2$	固定资产投资	亿元	54	6.789	0.455	5.856	7.499
$\ln X_3$	物流从业人员	万人	54	3.334	0.928	1.890	4.318
$\ln X_4$	互联网宽带接入用户数	万	54	6.275	0.560	4.852	7.168
$\ln X_5$	民用汽车保有量	万辆	54	6.208	0.562	4.904	7.026
$\ln X_6$	授权专利数	个	54	9.999	1.158	7.742	11.851

注：以上数据均精确到小数点后 3 位，原始数据来源于 2010—2018 年《中国城市统计年鉴》、各城市《统计年鉴》《各城市发展公报》以及中经网统计数据，其中“/”表示没有单位。

（四）测算结果分析

1. 单位根检验

所用的面板数据跨度为 9 个年度，选取京津冀区域 6 条主要物流通道，即北京—（保定）—石家庄物流通道、石家庄—（邢台）—邯郸物流通道、北京—天津物流通道、北京—唐山物流通道、唐山—秦皇岛物流通道、石家庄—天津物流通道的数据进行单位根检验。为提高检验的精度，利用 Eviews10 统计软件进行单位根检验，本面板数据模型单位根检验的结果见表 1-22。

表 1-22　京津冀物流通道对产业转移影响模型各解释变量的平稳性检验

变　量	检验统计量	LLC 检验	FisherADF 检验
$\ln X_1$	检验统计量	-13.8779* (0.000)	33.4888* (0.000)
$\ln X_2$	检验统计量	-9.1657* (0.000)	17.375* (0.000)
$\ln X_3$	检验统计量	-3.951* (0.000)	29.803* (0.003)
$\ln X_4$	检验统计量	-3.921* (0.000)	23.676** (0.023)
$\ln X_5$	检验统计量	-4.728* (0.000)	34.378* (0.000)
$\ln X_6$	检验统计量	-8.522* (0.000)	45.032* (0.000)

注：表中各检验值和括号中的 P 值均统一精确到小数点后 3 位，*、**、*** 分别表示在 1%、5%、10%的显著性水平。

从表 1-22 可知，对于这 6 个解释变量，在 5%的显著性水平上，变量 $\ln X_4$ 的 ADF 检验结果是均拒绝“存在单位根”的原假设，其余变量均在 1%的显著性水平上 LLC 检验和 ADF 检验的结果是均拒绝“存在单位根”的原假设，说明这些变量均为平稳面板数据，也就无须进行进一步检验。

2. 回归结果及分析

面板数据的回归分为随机效应模型和固定效应模型。为进一步确定回归方程适用于哪一种模型，在模型回归前，需要进行 Hausman 检验，对该模型进行筛选与检验后，最终确定该面板数据模型为固定效应模型，进一步得到模型检验结果见表 1-23。

表 1-23　2010—2018 年京津冀物流通道效率对产业转移影响面板数据模型估计结果

解释变量	回归系数	t 检验值	标准误差	P 值
$\ln X_1$	-1.202 44	-1.816	0.662	0.006*
$\ln X_2$	0.132 793	0.253	0.524	0.001*
$\ln X_3$	-0.848 06	-3.440	0.247	0.001*
$\ln X_4$	0.911 107	1.230	0.741	0.025**
$\ln X_5$	-0.638 04	-0.533	1.197	0.060***
$\ln X_6$	0.282 622	2.123	0.133	0.039*
常数项	11.236 77	1.958	5.738	0.056***

注：表中各检验值和 P 值数据均统一精确到小数点后 3 位；*、**、*** 分别表示在 1%、5%、10%的显著性水平下拒绝原假设。

由表 1-23 可得，京津冀物流通道效率对产业转移影响的简化模型为

$$\begin{aligned} \mathrm{Ln}IGC = {} & 11.237-1.202\mathrm{Ln}\ X_1+0.133\ln X_2-0.848\ln X_3 \\ & +0.911\ln X_4-0.638\ln X_5+0.283\ln X_6 \end{aligned} \tag{1-10}$$

由式（1-10）可知，京津冀区域物流通道的公路里程、互联网宽带接入用户数和物流从业人员等指标对京津冀区域产业梯度系数影响较大，表明该区域进行产业转移时，这几项指标对其产业转移具有较大的影响，固定资产投资、互联网宽带接入用户数和专利授权数对京津冀区域产业梯度系数具有正反馈作用，公路里程、物流从业人员和民用汽车保有量对京津冀区域产业梯度系数具有负反馈作用，具体分析如下。

第一，政府加大固定资产投资能够带动通道发展。固定资产投资代表政府支持力度，由上述结果显示，固定资产对产业梯度系数具有正反馈作用，即当物流业固定资产投资增加 1 时，产业梯度系数会随之增加 0.133，

使该区域产业梯度水平提升，吸引产业在该通道周边集聚，因此政府支持力度越大，产业集聚作用越显著，产业集聚带动通道发展。

第二，通道内信息化水平的提高促进相关产业的发展。互联网宽带接入用户数代表信息化水平，信息共享速度的提升为物流活动带来很多便利。物流通道与产业发展关系密切，产业的发展对物流通道具有依附性。根据回归结果，互联网宽带接入用户数对产业梯度系数具有正反馈作用，且影响程度较大，即信息化水平的提高会提升物流服务质量，产业的物流活动是围绕物流通道展开的，因此，通道内信息化水平的提高有助于促进产业的发展。

第三，物流基础设施影响物流通道能力。公路里程和民用汽车保有量对于产业梯度系数具有负反馈作用，线路越长，产业集聚能力越小，反之，则增加。但是由于回归结果显著，公路里程和民用汽车保有量降低物流通道产业梯度系数的效应也随之显著，因此，产业从低服务效率的通道周边向区域外转移，将会减少对产业转出地的物流通道能力的需求，对于产业转入地，则会增加该地区的物流通道需求。

第四，技术进步能够提高产业梯度水平。专利授权数反映技术水平，专利数越多，表明技术水平越高，从而对产业结构的调整和优化具有促进作用。本研究采用的物流从业人员反映物流技术进步中的人力投入，由于技术进步能够实现减员增效，使得物流从业人员减少，因此物流从业人员和产业梯度系数产生负相关关系，因此，物流从业人员越少，技术进步水平越大，产业梯度水平越高。

四、结论及建议

（一）结论

物流活动是连接供给方和需求方的纽带，研究物流业的发展趋势有助于产业转移研判，有助于探索经济发展的规律。以京津冀区域 6 条主要物流通道为研究对象，通过对物流通道及物流通道效率等基本概念的梳理、探讨物流通道效率的影响因素、物流通道效率的评价方法选择及指标选取、物流通道效率评价及结果分析、服务效率对产业转移的影响机理分析和实证分析，得出以下相关结论。

第一，基于 DEA 模型对物流通道效率进行评价分析，得出 2008—2018 年京津冀地区 6 条物流通道效率的相对变化趋势。通过 CCR 模型计算，从空间维度看，“石家庄—天津”物流通道效率最高；此外，京津冀区域内以北京为节点的物流通道效率值均排名靠后；从时间维度上看物流通道各年的效率整体呈现上升趋势。

第二，通过 Malmquist 指数模型计算，从时间维度看，6 条通道只在 2014 年存在全要素生产效率大于 1，实现唯一的全要素生产效率增长，其他全部小于 1，全要素生产效率下降。

第三，采用定性与定量的分析方法，对京津冀物流通道产业梯度系数和通道效率的相关关系分析得出，京津冀物流通道效率对通道产业梯度系数具有正向影响。

第四，通过构建基于面板数据的通道效率影响因素与物流通道产业梯度系数的计量模型，考察不同影响因素对物流通道产业梯度系数的影响，进而衡量对区域产业转移的影响。实证结果表明不同影响因素对通道产业梯度系数的作用不同，其中，固定资产投资、互联网宽带接入用户数和专利授权数对京津冀区域产业梯度系数具有正向作用，公路里程、物流从业人员和民用汽车保有量对京津冀区域产业梯度系数具有负向作用。

（二）建议

根据对京津冀区域 6 条主要物流通道效率和通道效率对产业梯度系数的实证研究结果，针对京津冀区域物流通道提高服务效率、物流通道与产业协调发展提出以下建议。

1. 京津冀物流通道发展建议

第一，物流通道节点方面。在物流通道枢纽城市统筹利用通道节点资源，解决枢纽城市及节点功能不强、物流资源集聚不足、集疏运不畅等问题。

第二，信息化水平方面。推广信息技术的应用，构建物流大通道公共信息平台。引导物流大通道枢纽（城市）的物流活动相关部门积极利用高新技术，对物流大通道内物流活动的各个环节进行实时跟踪与有效控制，实现智慧物流大通道建设。

第三，物流技术进步方面。促进物流技术在物流大通道内的普及，淘汰落后产能。加速物流技术进步所需人力资源的开发与培养。

第四，政府支持力度方面。相关部门认真梳理现行物流大通道相关政策，做好顶层设计。加强对枢纽（城市）关键领域、薄弱环节和新兴行业的建设引导，突出物流通道在物流发展中的重要地位。

2. 京津冀物流通道与产业协调发展建议

物流通道对物流活动的集聚能够放大其在空间、时间、创新方面的经济效益，由于物流通道和区域产业发展具有协同作用，为充分发挥物流通道的引领作用，促进物流通道发挥更大经济效益，实现物流通道与产业有机协调发展，针对京津冀物流通道与产业协调发展提出以下三个方面建议。

第一，引导产业合理布局。产业进行转移时，优先考虑具有高效率的物流通道以满足产业自身的物流需求，从而会带动产业转入地的物流资源聚集，因此，要重视基础设施的建设，促进物流通道在产业间融合发展，实现物流资源在产业集聚范围内平衡分布。

第二，提高物流资源配置能力。根据通道产业梯度系数的不同，科学分析并预测产业转移时的区位选择，合理规划物流通道内公路、铁路、水运、航空等枢纽（城市）的物流服务节点，有效合理配置物流资源，保证节点的物流能力和产业布局相匹配，为产业提供最优物流服务活动，降低物流成本，实现产业的有序发展。

第三，促进产业和物流通道的协调发展。提高物流通道内产业和物流活动的分工协作水平，不断提高物流通道和产业资源利用率，建立完善的物流通道与产业发展的综合经济链条，推进二者形成协调发展的自我实现机制。

参考文献

[1] 吕雄鹰，余静，王显璞，等．国内外物流通道研究综述［J］．物流科技，2010，33（2）：5-8.

[2] 孔月红，章良．对物流通道内涵的再认识［J］．中国市场，2011（49）：40-41.

[3] 刘洁，付新平，何瑜莎．物流通道产业黏性测度模型及其实证研究［J］．北京邮电大学学报（社会科学版），2018，20（6）：74-79，96.

[4] 王海灵，孙雪莲．区域物流通道容量预测研究［J］．物流技术，2011，30（13）：135-136，176.

[5] 关雪凌．综合 SFA 与 DEA 方法的中国资源型产业效率评价［J］．河北北方学院学报（社会科学版），2019，35（06）：63-66，85.

[6] 李聪，王超杰，王承武．基于随机前沿分析法下我国棉花生产技术效率研究［J］．江西农业学报，2019，31（11）：146-150.

[7] Pastor J. T，Ruiz J. L. and Sirvent I.，A statistical test for dectecting influential observations in DEA，European Journal of Operational Research，115，（3）：542-554.

[8] 丛颖睿．基于 DEA 模型的第三产业能源效率评价研究［D］．北京：北京工业大学，2013.

[9] 王水娟，柏檀．学前教育财政投入的效率问题与政府责任［J］．教育与经济，2012（3）：4-8.

[10] 李明月．基于改进 DEA 模型的油田企业效率研究［D］．天津：天津大学，2010.

[11] 梁文艳，杜育红．基于 DEA-Tobit 模型的中国西部农村小学效率研究［J］．北京大学教育评论，2009，7（04）：22-34，187-188.

[12] 潘健，宗晓华．基于数据包络分析的大学科研效率评价指标体系研究［J］．清华大学教育研究，2016，37（05）：101-110.

[13] CHARNES, A., COOPER, W. W., RHODES, E. Measuring the efficiency of decision making units [J]. European Journal of Operations Research, 1978, (2): 429-444.

[14] 敖梦娅．产业集聚、劳动力流动与产业转移 [D]. 成都：西南大学，2016.

[15] 山社武，刘志勇，张德生．劳动力自由流动是阻碍传统产业区域转移的根本原因吗？——基于 27 个产业的实证分析 [J]. 财贸研究，2010，21（05）：17-23.

[16] 戴宏伟，田学斌．区域产业转移研究 [M]. 北京：中国物价出版社，2003，45-50.

[17] 张弢，李松志．产业区域转移形成的影响因素及模型探讨 [J]. 经济问题探索，2008（01）：49-53.

[18] 付新平，刘洁，张逸轩．基于耦合模型的物流大通道产业黏性研究——以沿长江物流大通道为例 [J]. 物流技术，2018，37（9）：46-51.

[19] 范月娇，权春妮．物流通道的空间溢出效应检验—基于中国 11 条物流通道的实证 [J]. 交通运输系统工程与信息，2018，18（01）：37-43.

[20] 皮建才，薛海玉，殷军．京津冀协同发展中的功能疏解和产业转移研究 [J]. 中国经济问题，2016（06）：37-49.

[21] 张建伟，苗长虹，肖文杰．河南省承接产业转移区域差异及影响因素 [J]. 经济地理，2018，38（03）：106-112.

[22] 贾兴梅，刘俊杰．中西部地区承接产业转移的影响因素研究 [J]. 地域研究与开发，2015，34（01）：14-18.

[23] 成祖松，王先柱，冷娜娜．区域产业转移黏性影响因素的实证分析 [J]. 财经科学，2013（11）：73-83.

本章作者：梁　晨　郭冬蕾　刘程功　黄倩倩　刘佳琴

第二章

京津冀口岸港口物流效率研究

口岸港口是集对外贸易和国内货物运输功能为一体的交通枢纽。港口物流效率研究属于微观层面的研究，是指研究在港口物流活动中，投入资源转化为产出结果的能力。本章以京津冀4个口岸港口——天津港、唐山港、黄骅港、秦皇岛港为研究对象，选取港口泊位、万吨级泊位数、泊位长度、港口年设计通过能力作为投入指标，选取港口货物吞吐量和港口集装箱吞吐量作为产出指标，运用DEA及Malaquist指数方法，并通过对比长三角中的宁波—舟山港、上海港和珠三角中的广州港、深圳港的物流效率，通过计算得出：2013—2018年天津港的物流效率一直处在波动状态；秦皇岛港物流效率下降趋势明显；2013—2016年唐山港和黄骅港的物流效率呈下降趋势，但从2017年间则开始保持提升状态；与长三角、珠三角的口岸港口相比，京津冀4个口岸港口整体物流效率较低，在规模效率和纯技术效率中，主要是规模效率低下。通过对京津冀4个口岸港口的货物年吞吐量和年设计通过能力对比分析，可以发现4个口岸港口存在货物实际吞吐量小于设计通过能力及不匹配的问题，且4个口岸港口之间存在着激烈的同向竞争，没有形成明确的分工和协同发展，导致这4个口岸港口整体物流效率不高。因此，要提升京津冀口岸港口物流效率，关键是解决港口物流供给与实际业务之间不充分不平衡的矛盾，必须明确各个港口的定位，适度放缓口岸港口物流供给，开拓物流业务，提升物流效率，同时，建立健全统一的领导协调机构，推进口岸港口信息化建设、提高口岸港口科技水平，真正实现京津冀口岸港口协同发展。

一、引言

京津冀口岸港口群包括天津港和河北省的唐山港、秦皇岛港、黄骅港，由于4个口岸港口的地理位置相近，周边城市密集，因此存在着经济腹地交叉、争抢运输货物资源的问题。

自2014年京津冀协同发展成为国家战略，口岸港口作为地区内外贸经济发展的枢纽，成为京津冀协同发展的重要组成部分。2014年6月23日，海关总署发布了《关于开展京津冀海关区域通关一体化改革的公告》。2014年8月，天津港集团和河北港口集团共同出资成立了渤海津冀港口投资发展有限公司，负责天津及河北区域内港口项目的投资运营与管理。2017年3月，北京市、天津市、河北省三地口岸主管部门共同签署了《京津冀口岸深化合作框架协议》。在该协议下，京津冀三地口岸主管部门将在完善口岸合作机制，加强口岸信息化合作，服务口岸通关业务一体化，促进口岸检验检疫一体化，深化津冀海事业务一体化，推进边检业务一体化，加强津冀海运口岸合作，深化空港口岸合作，促进无水港加快发展，支持天津自贸试验区先行先试政策向京冀地区延伸，服务专属物流园区口岸功能建设，服务重点企业发展12个方面加强合作，积极会同三地海关、检验检疫、海事、边检等口岸查验部门和海空陆三港运营主体单位，共同促进口岸优质资源集聚和互联互通互用，进一步提升京津冀口岸协同与服务水平。

随着京津冀区域经济的快速发展，各级政府部门的重视程度也越来越高，京津冀三省市积极开展工作，不断扩展了协同发展的领域。但是，由于行政区域限制，目前京津冀区域各自的发展定位衔接不够。而港口物流发展作为区域经济发展的一部分，对经济的带动作用非常强。京津冀地区港口资源丰富，港口营运能力较强，京津冀协同发展战略的提出也为京津冀口岸港口一体化运作和发展提供了科学指南。在此背景下，对港口物流效率的研究不仅能促进京津冀口岸港口物流效率的提高，也能推动京津冀地区及港口辐射的其他腹地经济的发展。

二、文献综述

（一）物流效率与港口物流效率

关于物流效率的研究，目前已经从微观层面的物流企业或物流过程的某一环节发展到宏观层面的经济区域或国家。不论研究的角度如何，对于物流效率的定义，学者们的认识较为一致，即物流效率是指物流总投入与物流总产出之间的关系[1-4]。

港口物流效率研究属于微观层面的物流效率研究。要弄清港口物流效率必须首先明确对港口物流的界定。在对港口物流的概念诠释上，汪长江[5]认为港口物流是一个复合的概念，并分别基于港口发展历史、港口物流活动内容、港口物流基本要素、港口物流特点、港口物流服务平台以及港口在整个物流链中的独特地位等多个方面对港口物流的内涵进行了阐述。总的来说，港口物流是现代物流的重要组成部分，港口物流同样包括装卸、仓储、运输、物流服务增值等基本的物流功能。而港口物流效率则体现在港口物流各环节的效率上[6]。结合学者们对物流效率的定义可知，港口物流效率是在港口物流活动中，投入资源转化为产出结果的能力。

（二）物流效率的研究方法

目前对物流效率的研究方法主要有参数分析法和非参数分析法，其中又以非参数分析法中的 DEA、生产前沿面法和指数法居多。李桃迎、王庆伟、陈燕[7]在前人分析主要港口的物流效率的基础上，选取了我国 8 个吞吐量比较大的港口进行了具体的分析评价，发现往往很多的评价只针对定性分析而忽略了很多有科学意义的定量分析，所以他们引入了模糊聚类方法，对已有的数据建立矩阵，通过对矩阵的求解得到最终的结果，得出吞吐量的大小与物流效率有直接正相关的关系。李电生、张圣泽、员丽芬[8]在评价港口的综合物流综合效率时，使用的是DEA改进模型，利用综合效率评价的整合性思维，对我国13个港口进行了测算，最后根据测算结果，对港口进行智能排序，找出了我国效率最高的港口，结果表明该模型适用于港口物流效率的测度研究。张定等[9]以长三角城市为研究对象，基于城市物流的投入产出指标，借助DEA和探索性数据分析方法分析了2002—2011年长三角城市的物流发展效率。张璇、杨雪荣、王峰[10]利用我国新丝绸之路经济带战略规划的西部省域和周边主要国家带的2009—2014年的物流投入产出数据，以GDP作为环境变量，借助三阶段DEA模型对物流业综合效率、纯技术效率和规模效率进行衡量和评价。唐建荣、杜娇娇、唐雨辰[11]基于2007—2016年我国物流产业省级面板数据，运用DEA与Malmquist指数模型测算区域物流效率及改善程度，分析其差异性特征及演变动因；通过区域物流效率收敛性研究，探求区域物流效率均衡发展规律及路径。秦雯[12]运用了SE-DEA和Tobit模型，建立了珠海港口物流业投入产出指标体系，探讨供给侧改革下珠海港口的物流业效率。从以上可以看出，在对特定的物流企业进行物流效率分析时，学者们采用的方法各有不同，但大多采用DEA及其扩展方法。由于DEA方法能够对多投入多产出的满足同质性的单位进行系统性的效益评价和综合分析，不需要明确生产函数的基本形式，因此这里使用DEA方法研究京津冀口岸港口物流效率。

（三）港口物流效率的指标选取

港口物流效率是投入与产出的对比，因此，投入与产出指标的选取就尤为重要。云俊、张帆[13]从硬件设施和软件管理水平两方面建立指标体系，对我国大连等主要集装箱港口的物流效率进行了分析，其中硬件设施包括码头前沿水深、集装箱泊位数、堆场有效面积、总机械台数、口岸通关能力，软件管理水平包括口岸通关能力、信息化水平、技术创新能力和物流管理水平。李谭、王利、王瑜[14]在研究辽宁省港口物流效率时，选择了综合通过能力、生产用码头泊位数、基础设施建设投资为投入指标，货物吞吐量、集装箱吞吐量、港口货运量、港口货运周转量为产出指标。李电生、张圣泽、员丽芬[8]研究港口物流技术效率时，将具体指标体系分为准则层和指标层：准则层的输入指标包括港口物流基础设施、物流支持、集疏运能力 3 个指标，输出指标包括港口物流规模、港口物流发展潜力 2 个指标；指标层是在这 5 个准则层指标基础上选取了 11 个指标，其中输入指标有生产用码头长度、生产用万吨级泊位数、港口直接腹地 GDP、港口城市第三产业占 GDP 比重、港口腹地高速公路里程数、港口腹地铁路里程数，输出指标有港口货物吞吐量、港口集装箱吞吐量、货物吞吐量年增长率、集装箱吞吐量年增长率、港口直接腹地 GDP 年增长率。李桃迎、王庆伟、陈燕[7]基于模糊聚类法，采取了码头前沿水深、集装箱泊位数、堆场有效面积、总机械台数、口岸通关能力、信息化水平、技术创新能力、管理服务水平、集装箱吞吐量、集装箱吞吐量增长率等 10 个指标对我国 8 个港口进行了物流效率分析。叶士琳等[15]构建了一个包含 3 个维度共 14 个指标的港口物流效率评价指标体系分析长三角港口群的物流发展，14 个指标包括生产用泊位数、生产用码头长度、航道水深、集装箱航线数、货物吞吐量、集装箱吞吐量、集装箱吞吐量增长率、物流企业发展指数、集装箱运输组织能力、地区生产总值、第三产业比重、进出口贸易总额、金融机构贷款余额、人力—信息指数，最后将采用加权求和方法计算港口物流综合发展度及各子系统发展度。秦雯[12]在研究珠海港口物流效率时，选取了铁路货运量、公路货运量、港口码头泊位、港口万吨级泊位、码头泊位长度 5 个指标作为投入指标，以港口货物吞吐量、港口集装箱吞吐量为产出指标。

而通过对上述口岸港口物流效率评价的相关文献进行搜集、整理、分析、归纳，可以发现学者们从不同的角度、运用不同的研究方法，选择了相应的评价指标。总的来说，无外乎投入指标和产出指标两大类，其中包含生产用泊位数、万吨级泊位数、生产用泊位长度、港口货物吞吐量、港口集装箱吞吐量（集装箱吞吐量）等指标（表 2-1）。

表 2-1　研究物流效率的投入与产出指标汇总

主要研究者	港　口	投入指标	产出指标
云俊、张帆[13]	大连港、天津港、青岛港、上海港、宁波港、高雄港、深圳港、香港港	码头前沿水深、集装箱泊位数、堆场有效面积、总机械台数、口岸通关能力、信息化水平、技术创新能力、管理服务水平	集装箱吞吐量、增长率
张帆[6]	香港港、上海港、釜山港、宁波港、深圳港、高雄港、青岛港、天津港、大连港、神户港	码头前沿水深、集装箱泊位数、堆场有效面积、集装箱装卸桥总数、堆场作业机械台数	集装箱吞吐量
李谭、王利、王瑜[14]	辽宁省各个港口	综合通过能力、生产用码头泊位数、基础设施建设投资	货物吞吐量、集装箱吞吐量、港口货运量、港口货运周转量
李电生、张圣泽、员丽芬[8]	宁波港、上海港、青岛港、天津港、广州港、深圳港、大连港、连云港港、营口港、厦门港、烟台港、日照港、苏州港	生产用码头长度、生产用万吨级泊位数、港口直接腹地 GDP、港口城市第三产业占 GDP 比重、港口腹地高速公路里程数、港口腹地铁路里程数	港口货物吞吐量、港口集装箱吞吐量、货物吞吐量年增长率、集装箱吞吐量年增长率、港口直接腹地 GDP 年增长率
吴利娟[16]	天津港、秦皇岛港、唐山港、黄骅港	泊位数、万吨级泊位数、码头岸线长度	港口货物吞吐量、集装箱货物吞吐量
秦雯[12]	珠海港	铁路货运量、公路货运量、港口码头泊位、港口万吨级泊位、码头泊位长度	港口货物吞吐量、港口集装箱吞吐量

注：此表根据相关文献整理。

三、京津冀口岸港口物流效率实证分析

（一）指标选取原则

1. 要客观准确

对口岸港口物流效率进行评价，需要客观合理地进行描述并反映出口岸港口物流效率的真实水平。在选取口岸港口物流效率评价指标时，要符合客观性，既要保证选取的指标能够准确反映口岸港口物流效率，又要确保这些指标不带主观性。以前文综述的文献为例，有的文献选取了港口的信息技术、服务水平等指标来研究港口的物流效率，但在文中并未给出这些指标的量化标准，只是给出了指标的最终得分，因此无法判断这些指标是如何得到的，难以保证所选取指标的客观性。

2. 要有可获得性

在保证指标数据资料可度量外，还要保证所选取的指标资料是能够获得的。有些指标可能会更好地反映物流效率，但获得难度大，可能需要大量的人力物力，甚至需要相关企业的内部资料，这就会导致数据收集的工作难度变大而不能得到，使得研究变成“无米之炊”。因此，在确保所有数据有效性的基础上，还要保证指标数据是力所能及可获得的，以保证研究不会因数据缺失而受到影响。

3. 可以相互比较

在选取口岸港口物流效率评价的指标时，不仅是对京津冀各口岸港口的物流效率进行分析，还要与长三角、珠三角的口岸港口进行对比分析，因此，选取的指标及数据必须是各个口岸港口都有的，以便相互比较，这样才能保证在同一评价标准下比较不同口岸港口的物流效率。

（二）投入与产出指标选取

结合已有的研究成果可以发现，已有研究对港口物流效率指标的选取并没有一个统一的标准，不同学者的看法也有所不同。对于投入指标，港

口泊位数、港口万吨级泊位数、泊位长度等是使用最多的指标，一些文献还将技术创新能力、信息化水平、管理服务水平等较为主观的定性指标作为港口物流效率研究的投入指标，但并未在文献中作出如何量化这些指标的详细说明，因此将定性的指标用于港口物流效率的研究中还有待进一步的论证。对于产出指标，学者们普遍选取了货物吞吐量和集装箱吞吐量两项指标。为此，在遵循上述原则的前提下，根据研究的需要及京津冀口岸港口的实际情况，从投入和产出两个维度选择相应的指标。这里选取的投入指标有 4 个，分别为生产用泊位数、生产用万吨级泊位数、生产用码头泊位长度、港口年设计通过能力；产出指标有 2 个，分别为货物吞吐量和集装箱吞吐量。选取的各指标具体含义见表 2-2。

表 2-2　物流效率评价投入产出指标体系

指标类型	指标名称	变量	单位
投入指标	生产用泊位数	X_1	个
	生产用万吨级泊位数	X_2	个
	生产用码头泊位长度	X_3	米
	港口年设计通过能力	X_4	万吨
产出指标	货物吞吐量	Y_1	万吨
	集装箱吞吐量	Y_2	万标准箱

1. 投入指标

（1）生产用泊位数。泊位即港区内提供给船舶停泊的位置，泊位数量较多的港口能够容纳更多到港船舶同时进入泊位等待装卸作业，而泊位数量较少的港口则可能会导致到港船舶无法及时进入泊位，延长靠泊时间，降低作业效率。

（2）生产用万吨级泊位数。万吨级泊位数符合现代货船越来越大型化的要求，随着口岸港口的发展，各类货船的吨位越来越高、船型越来越大，万吨级泊位数的数量也就标志着口岸港口的规模大小。

（3）生产用码头泊位长度。码头泊位长度是港区内能够停靠船舶的岸线总长度，包括停靠的所有船舶长度和船舶与船舶之间的安全间隔长度，码头泊位长度同样标志着一个口岸港口的物流规模与能力。

（4）港口年设计通过能力。港口年设计通过能力是指港口在单位时间（一年）内，在既定的港区和技术装备条件下所能通过的最大货物总量。港口年设计通过能力反映了口岸港口通过货物的最大能力，其中涉及装卸作业、集疏运作业、组织管理等多方面的影响。

2. 产出指标

产出指标有货物吞吐量和集装箱吞吐量，其可以衡量一个港口的物流能力和发展水平。港口货物吞吐量代表了一定时期内通过水运进出港区范围并经过装卸的货物数量，是判断港口生产能力大小的重要指标，体现了港口的物流竞争力[5]。

根据所选取的口岸港口物流效率评价指标，将每个口岸港口看作是一个决策单元（Decision Making Unit，DMU），每个决策单元的投入指标X_1、X_2、X_3、X_4代表生产用泊位数、生产用万吨级泊位数、生产用码头泊位长度、港口年设计通过能力，产出指标Y_1、Y_2代表货物吞吐量、集装箱吞吐量。

（三）研究方法与数据来源

1. 口岸港口物流效率评价模型

（1）基于 DEA 的物流静态效率评价模型。DEA 典型的两种模型是 CCR 模型和 BCC 模型。当以投入为导向且假设规模报酬不变，以此来评价决策单元间相对有效性的方法称为 CCR 模型。CCR 模型是 DEA 的第一个模型，可用于评价决策单元（Decision Making Unit，DMU）的技术有效性（技术效率），即理想投入与实际投入的比值，也称为综合效率。在 DEA 评价模型中，假设有 n 个决策单元作为被评价单位，其中第 j 个决策单元记为 $DMU_j(i\leqslant j\leqslant n)$。每个决策单元都有 m 种“投入（x）”以及 k 种“产出（t）”，表示该决策单元对“资源”的消耗量和消耗完“资源”之后所产生“结果”的数量。它的线性规划模型如下：

$$\min \theta_0$$

$$s.t.\begin{cases}\sum_{j=1}^{n} x_{ij}\lambda_j + s_i^- = \theta_0 x_{i0},\ i=1,\ 2,\ \cdots,\ m \\ \sum_{j=1}^{n} y_{tj}\lambda_j - s_t^+ = y_{t0},\ t=1,\ 2,\ \cdots,\ k \\ \lambda_j,\ s_i^-,\ s_t^+ \geqslant 0\end{cases} \tag{2-1}$$

其中，x_{ij}表示第j个决策单元的第i种投入量；y_{tj}表示第t种产出量，s_i^-，s_t^+是松弛变量。当模型中的$\theta_0=1$，$s_i^-=s_t^+=0$时，则决策单元j为DEA有效；当$\theta_0=1$，s_i^-、s_t^+存在非零值存在非零值时，则决策单元为DEA弱有效；当$\theta_0\neq1$时，则决策单元j为DEA无效。在CCR模型的基础上，增加一个约束条件$\sum_{j=1}^{n}\lambda_j=1$，此时即为BCC模型。CCR模型用于测量综合效率（EC），BCC模型用于测量纯技术效率（TE_v），而综合效率与纯技术效率的比值则为规模效率（SE）[18]。

（2）基于Malmquist指数的物流动态效率评价模型。在传统的DEA方法中，无论是CCR模型还是BCC模型，都是用来分析横截面数据的，即便是涉及多个时间点，也是利用平均值进行效率情况的横向比较，不能清晰地反映出效率的动态变化和发展趋势。而Malmquist指数可以用来表示跨期效率的变动。使用Malmquist指数分析法可以分析不同时期决策单元的效率演化。Malmquist指数分解为综合效率指数和技术进步指数。综合效率指数反映了不同时期物流效率的变动情况；技术进步指数表示在相同投入下，因行业的技术进步而带来的产出增加。通过分解，可以更加详细地了解影响物流效率的综合因素，避免把物流效率的变化只归因于某一因素，而忽视其他因素的作用。Malmquist指数的距离函数为$D^t(x^{t+1},\ y^{t+1})$，公式如下：

$$M_0(X^{t+1},\ Y^{t+1},\ X^t,\ Y^t)=\frac{D^t(x^t,\ y^t)}{D^{t+1}(x^{t+1},\ y^{t+1})}\times\left[\frac{D^{t+1}(x^t,\ y^t)}{D^t(x^{t+1},\ y^{t+1})}\times\frac{D^{t+1}(x^{t+1},\ y^{t+1})}{D^t(x^t,\ y^t)}\right]^{1/2} \tag{2-2}$$

将Malmquist指数公式分解，可得到综合效率指数EC和技术进步指数

TC 的公式：

$$EC=\frac{D^{t}(x^{t},\ y^{t})}{D^{t+1}(x^{t+1},\ y^{t+1})} \tag{2-3}$$

$$TC=\left[\frac{D^{t+1}(x^{t},\ y^{t})}{D^{t}(x^{t+1},\ y^{t+1})}\times\frac{D^{t+1}(x^{t+1},\ y^{t+1})}{D^{t}(x^{t},\ y^{t})}\right]^{1/2} \tag{2-4}$$

其中，t 表示时期；x^t 表示 t 时期的投入；y^t 表示 t 时期的产出。

2. 数据来源

京津冀口岸港口数据中，天津港的码头泊位长度、生产用泊位数、生产用万吨级泊位数、集装箱吞吐量、货物吞吐量、港口年设计通过能力和唐山港的码头泊位长度、生产用泊位数、生产用万吨级泊位数、集装箱吞吐量、货物吞吐量数据均来源于《中国港口年鉴》，秦皇岛港、唐山港的港口年设计通过能力和黄骅港的码头泊位长度、生产用泊位数、生产用万吨级泊位数、集装箱吞吐量、货物吞吐量、港口年设计通过能力等数据来源于《河北经济年鉴》。详细数据见表 2-3。

表 2-3 2013—2018 年样本口岸港口投入产出数据

港口	年份	投入指标				产出指标	
		生产用泊位数/个	生产用万吨级泊位数/个	生产用码头泊位长度/米	港口年设计通过能力/万吨	货物吞吐量/万吨	集装箱吞吐量/万标准箱
天津港	2013	160	103	35 756	43 000	50 063	1 301
	2014	162	106	35 954	44 000	54 002	1 406
	2015	173	113	38 729	45 900	54 051	1 411
	2016	176	116	39 389	46 400	55 056	1 452
	2017	160	123	37 634	46 400	50 056	1 507
	2018	167	120	40 252	49 778	50 774	1 600
唐山港	2013	77	74	20 219	42 217	44 620	73
	2014	89	86	23 715	45 319	50 075	111
	2015	97	94	26 121	53 969	49 285	152
	2016	104	101	28 189	57 101	52 051	193
	2017	111	108	30 036	58 400	57 320	253
	2018	114	111	30 849	61 550	63 710	296

续表

港口	年份	投入指标				产出指标	
		生产用泊位数/个	生产用万吨级泊位数/个	生产用码头泊位长度/米	港口年设计通过能力/万吨	货物吞吐量/万吨	集装箱吞吐量/万标准箱
秦皇岛港	2013	66	42	14 750	23 699	27 260	39
	2014	72	44	15 928	24 149	27 403	41
	2015	72	44	15 928	24 149	25 309	50
	2016	72	44	15 928	24 149	18 682	52
	2017	72	44	15 928	24 149	24 520	56
	2018	72	44	15 928	24 149	23 119	58
黄骅港	2013	29	23	6 642	15 060	17 103	23
	2014	36	30	8 761	23 520	17 551	31
	2015	36	30	8 761	23 520	16 658	50
	2016	37	31	9 059	23 755	24 475	60
	2017	39	33	9 586	24 550	27 028	65
	2018	41	35	10 107	25 450	28 771	72

在前文中强调了DEA模型投入与产出指标选取的重要性，这些关键指标必须能解释各要素对于物流效率测度的影响。此处采用2013—2018年各个口岸港口相关投入产出数据进行了相关性分析，见表2-4。从表中可知，投入产出指标的相关性系数都趋于1，即呈现高度正相关，表明当投入增加时，产出也会随之增加，符合DEA模型的同向性要求[10]，因此，这里选取的投入产出指标是可行的。

表2-4　投入产出指标的相关性系数

投入指标	货物吞吐量	集装箱吞吐量
生产用泊位个数	0.808	0.761
生产用万吨级泊位数	0.885	0.722
生产用码头泊位长度	0.903	0.787
港口年设计通过能力	0.950	0.885

（四）物流静态效率分析

即基于 DEA 的物流静态效率评价模型，对 2013—2018 年京津冀口岸港口平均的物流效率即静态效率进行分析，目的在于评价各口岸港口物流效率的相对有效性。通过比较可知京津冀口岸港口的物流效率水平。物流静态效率包括纯技术效率、规模效率和综合效率。

1. 整体物流静态效率分析

运用 DEAP2.1 软件，得到京津冀口岸港口纯技术效率、规模效率和综合效率的计算结果。综合效率反映企业管理方法是否合理与管理决策是否正确，该指数大于 1，表示样本期间综合效率提升；反之，表示综合效率下降。综合效率可以进一步分解为纯技术效率和规模效率。纯技术效率用来表示企业在生产经营活动中技术更新的快慢和技术普及的有效程度[19]，该指标越接近 1，表明港口企业在生产经营活动中相应技术的更新速度与普及程度越好；规模效率体现了投入增长对效率变化的影响[6]，该指标越接近于 1，即规模效率越高。对天津港、唐山港、秦皇岛港、黄骅港 4 个口岸港口 2013—2018 年的投入产出数据进行整理，得到每年的纯技术效率、规模效率和综合效率值。从表 2-5 的数据可以看出，2013—2018 年京津冀 4 个口岸港口的纯技术效率都为 1，明显高于规模效率，可见京津冀口岸港口的综合效率较低主要是由于规模效率的影响，说明近年来港口物流供给不能完全适应需求，规模的扩大与需求之间存在着结构性矛盾。从综合效率看，2013—2015 年呈逐年上升的趋势，且在 2015 年达到最高值，但综合效率从 2016 年开始下降并出现波动趋势。

表 2-5　2013—2018 年京津冀口岸港口整体效率

年　份	纯技术效率（TE_v）	规模效率（SE）	综合效率（EC）
2013	1.000	0.976	0.976
2014	1.000	0.998	0.998
2015	1.000	1.000	1.000
2016	1.000	0.901	0.901
2017	1.000	0.929	0.929
2018	1.000	0.915	0.915

2. 各口岸港口物流静态效率分析

通过对表 2-6 的分析，可以看出 2013—2015 年天津港、唐山港、秦皇岛港和黄骅港的纯技术效率都为 1，可见 4 个口岸港口在这三年间的企业管理和技术应用较为合理，资源得到了充分的利用。但 2016—2017 年秦皇岛港和 2017—2018 年天津港的纯技术效率都出现了波动。天津港虽然在 2013—2016 年综合效率都达到了 1，但在 2017—2018 年综合效率开始下降。从纯技术效率和规模效率来看，二者都处在下降状态，但规模效率下降趋势较纯技术效率下降趋势更为明显，即天津港综合效率不高的原因主要在于规模效率的下降。唐山港除在 2015 年综合效率达到最优之外，其他年份都由于规模效率的变化导致了综合效率的降低。黄骅港在 4 个口岸港口中的效率是最好的，只有在 2014 年规模效率有所下降，导致该年份的综合效率有所波动，但在其他年份期间都保持了综合效率为 1 的状态。

表 2-6　2013—2018 年京津冀 4 个口岸港口的物流效率

年份	港口	纯技术效率（TE_v）	规模效率（SE）	综合效率（EC）
2013	天津港	1.000	1.000	1.000
	唐山港	1.000	0.990	0.990
	秦皇岛港	1.000	0.991	0.991
	黄骅港	1.000	1.000	1.000
2014	天津港	1.000	1.000	1.000
	唐山港	1.000	1.000	1.000
	秦皇岛港	1.000	1.000	1.000
	黄骅港	1.000	0.992	0.992
2015	天津港	1.000	1.000	1.000
	唐山港	1.000	1.000	1.000
	秦皇岛港	1.000	1.000	1.000
	黄骅港	1.000	1.000	1.000

续表

年份	港口	纯技术效率（TE_v）	规模效率（SE）	综合效率（EC）
2016	天津港	1.000	1.000	1.000
	唐山港	1.000	0.869	0.869
	秦皇岛港	0.984	0.708	0.697
	黄骅港	1.000	1.000	1.000
2017	天津港	0.997	0.963	0.960
	唐山港	1.000	0.899	0.899
	秦皇岛港	0.989	0.891	0.881
	黄骅港	1.000	1.000	1.000
2018	天津港	0.977	0.959	0.937
	唐山港	1.000	0.913	0.913
	秦皇岛港	1.000	0.808	0.808
	黄骅港	1.000	1.000	1.000

（五）物流动态效率分析

物流静态效率分析没有反映出随着时间的推移而出现的物流效率变化。Malmquist 指数可以分析同一决策单元在不同时期效率变动情况，目的在于评价京津冀口岸港口整体物流效率及各个港口物流效率在 2013—2018 年的变动情况，通过比较，可以发现京津冀口岸港口在各个阶段的物流变动趋势。物流动态效率用 Malmquist 指数表示，并可以分解为综合效率指数和技术进步指数。

应用 DEAP2.1 软件，得到京津冀 4 个口岸港口物流效率的 Malmquist 效率指数的计算结果，见表 2-7，表中的数据为 Malmquist 效率指数。该指数大于 1，表示样本研究期间物流效率比上年有所提高；该指数小于 1，表示物流效率水平比上年有所下降；该指数等于 1，表示与上年相比物流效率不变。从 Malmquist 效率指数看，整体上京津冀口岸港口的 Malmquist 指数波动较大，发展较不稳定。2013—2014 年口岸港口物流效率较高的只有天津港；2014—2015 年 4 个港口的物流效率都在下降；2015—2016 年天津港和黄骅港的物流效率开始回升，但 2016—2017 年天津港物流效率又下降；唐山港在2017—2018年开始回升，秦皇岛港仅在2016—2017年物流效率较高。

表2-7　2013—2018年京津冀4个口岸港口的Malmquist效率指数

港口	时期				
	2013—2014年	2014—2015年	2015—2016年	2016—2017年	2017—2018年
天津港	1.053	0.945	1.005	0.955	0.954
唐山港	0.971	0.884	0.997	1.091	1.040
秦皇岛港	0.967	0.925	0.740	1.312	0.943
黄骅港	0.810	0.951	1.414	1.052	1.015

DEA-Malmquist指数可分解为综合效率指数和技术进步指数，综合效率反映了产业管理方法是否合理与管理阶层决策是否正确，该指数大于1，表示样本期间综合效率提升，反之，表示综合效率下降。技术进步指数即表示行业的技术进步[20]，该指数大于1，表示样本期间技术进步；该指数小于1，则表示技术进步状况恶化。根据DEAP2.1软件的运行结果，得到Malmquist指数的分解结果见表2-8。

京津冀4个港口的Malmquist指数平均值为0.990，说明2013—2018年京津冀的口岸港口物流效率在降低。结合综合效率指数和技术进步指数分析，影响京津冀口岸港口物流效率提高的因素主要在于综合效率的降低，可见2013—2018年，京津冀4个口岸港口的资源管理与规划还存在一定问题，可以通过统筹规划、合理分配港口资源来提高整体物流效率。

表2-8　2013—2018年京津冀4个口岸港口的平均Malmquist效率指数及其分解指标

港口	综合效率指数（EC）	技术进步指数（TC）	Malmquist效率指数
天津港	0.987	0.994	0.982
唐山港	0.984	1.011	0.994
秦皇岛港	0.960	1.001	0.961
黄骅港	1.000	1.031	1.031

注：Malmquist效率指数是综合效率指数与技术变动指数的乘积，在这里代表物流效率。

四、京津冀口岸港口与长三角、珠三角口岸港口物流效率比较

为了进一步研究京津冀口岸港口在我国主要口岸港口物流效率状况，分别选取了长三角、珠三角两大港口群中具有代表性的口岸港口进行对比分析。根据 2018 年《中国统计年鉴》数据，长三角规模以上最大的 2 个口岸港口分别是宁波—舟山港和上海港；珠三角规模以上最大的 2 个口岸港口分别是广州港和深圳港。以下将这 4 个口岸港口与京津冀区域内的天津港、唐山港、秦皇岛港、黄骅港 4 个口岸港口物流效率进行对比分析。

（一）数据来源

长三角和珠三角口岸港口数据中，深圳港、宁波—舟山港、上海港的生产用码头泊位长度、生产用泊位数、生产用万吨级泊位数、集装箱吞吐量、货物吞吐量、港口年设计通过能力和广州港的生产用码头泊位长度、生产用泊位数、生产用万吨级泊位数、集装箱吞吐量、货物吞吐量均来源于《中国港口年鉴》，广州港的港口年设计通过能力来源于《广州统计年鉴》，详细数据见表 2-9。

表 2-9　2013—2018 年样本口岸港口投入产出数据

港　口	年　份	投入指标				产出指标	
		生产用泊位数/个	生产用万吨级泊位数/个	生产用码头泊位长度/米	港口年设计通过能力/万吨	货物吞吐量/万吨	集装箱吞吐量/万标准箱
宁波—舟山港	2013	613	146	78 371	58 400	80 978	1 735
	2014	615	150	80 125	58 400	87 346	1 945
	2015	624	157	82 989	78 000	88 929	2 063
	2016	606	163	86 089	80 000	92 209	2 156
	2017	613	171	89 667	87 000	100 933	2 461
	2018	619	178	92 503	87 000	108 439	2 634

续表

港口	年份	投入指标				产出指标	
		生产用泊位数/个	生产用万吨级泊位数/个	生产用码头泊位长度/米	港口年设计通过能力/万吨	货物吞吐量/万吨	集装箱吞吐量/万标准箱
上海港	2013	608	156	74 487	50 000	68 273	3 362
	2014	608	156	75 091	51 000	66 954	3 529
	2015	609	174	75 161	53 800	64 906	3 654
	2016	592	172	74 066	53 000	64 482	3 713
	2017	563	172	72 473	52 600	70 542	4 023
	2018	573	181	75 410	54 990	68 392	4 201
深圳港	2013	147	66	29 384	20 035	23 398	2 328
	2014	141	66	28 825	23 607	22 323	2 404
	2015	143	66	29 021	23 254	21 706	2 420
	2016	141	71	30 521	23 900	21 410	2 398
	2017	141	73	31 075	22 032	24 136	2 521
	2018	142	74	31 207	27 500	25 127	2 574
广州港	2013	498	66	45 477	31 678	45 517	1 550
	2014	510	69	46 958	34 321	48 217	1 663
	2015	514	71	47 746	35 722	50 053	1 762
	2016	485	73	49 686	37 445	52 254	1 886
	2017	485	73	49 686	37 445	57 003	2 037
	2018	488	73	50 463	37 456	59 396	2 192

（二）物流效率对比分析

1. 物流静态效率分析

通过 DEAP2.1 软件的运行，得到长三角和珠三角 4 个样本口岸港口纯技术效率、规模效率和综合效率的计算结果（表 2-10）。根据表中数据可发现，2013—2018 年上海港、广州港和深圳港整体上的纯技术效率和规模效率都较高，基本都为 1，达到了技术有效和规模有效的状态，说明 2013—2018 年上海港、广州港和深圳港不仅在港口技术更新与普及方面做得较好，同时还实现了港口的规模效益。而宁波—舟山港的综合效率不断波动，主要是受到规模效率的影响。与京津冀口岸港口的综合效率对比，长三角和珠三角的口岸港口综合效率更高。

表 2-10　2013—2018 年长三角和珠三角口岸港口的物流效率

年　份	港　口	纯技术效率（TE_v）	规模效率（SE）	综合效率（EC）
2013	宁波—舟山港	1.000	1.000	1.000
	上海港	1.000	1.000	1.000
	长三角	1.000	1.000	1.000
	广州港	1.000	1.000	1.000
	深圳港	1.000	1.000	1.000
	珠三角	1.000	1.000	1.000
2014	宁波—舟山港	1.000	1.000	1.000
	上海港	1.000	1.000	1.000
	长三角	1.000	1.000	1.000
	广州港	1.000	1.000	1.000
	深圳港	1.000	0.992	0.992
	珠三角	1.000	1.000	1.000
2015	宁波—舟山港	1.000	0.936	0.936
	上海港	0.982	1.000	0.982
	长三角	1.000	0.921	0.921
	广州港	1.000	1.000	1.000
	深圳港	1.000	1.000	1.000
	珠三角	1.000	1.000	1.000
2016	宁波—舟山港	1.000	0.919	0.919
	上海港	1.000	1.000	1.000
	长三角	1.000	0.923	0.923
	广州港	1.000	1.000	1.000
	深圳港	1.000	1.000	1.000
	珠三角	1.000	1.000	1.000

续表

年 份	港 口	纯技术效率（TE_v）	规模效率（SE）	综合效率（EC）
2017	宁波—舟山港	1.000	0.896	0.896
	上海港	0.987	1.000	0.987
	长三角	1.000	0.930	0.930
	广州港	1.000	1.000	1.000
	深圳港	1.000	1.000	1.000
	珠三角	1.000	1.000	1.000
2018	宁波—舟山港	1.000	0.933	0.933
	上海港	1.000	1.000	1.000
	长三角	1.000	0.939	0.939
	广州港	1.000	0.808	0.808
	深圳港	1.000	1.000	1.000
	珠三角	1.000	1.000	1.000

2. 物流动态效率分析

通过 DEAP2.1 软件的运行，得到长三角、珠三角样本口岸港口物流效率的 Malmquist 效率指数的计算结果，如表 2-11 所示。从 Malmquist 效率指数来看，宁波—舟山港、广州港在 2013—2014 年口岸物流效率开始提升，2014—2015 年深圳港的物流效率有所提高，但 2015—2016 年深圳港的物流效率又有所降低，2016—2017 年所有港口的物流效率均较高，2017—2018 年物流效率较高的有宁波—舟山港和广州港，可以发现 2013—2018 年间只有宁波—舟山港和广州港的物流效率是呈连续增长的状态，对比京津冀的 Malmquist 指数，长三角、珠三角的口岸港口在 2016—2018 年的物流效率指数都大于 1，物流效率有提升趋势。

表 2-11　2013—2018 年长三角、珠三角口岸港口的 Malmquist 效率指数

港 口	年 份				
	2013—2014 年	2014—2015 年	2015—2016 年	2016—2017 年	2017—2018 年
宁波—舟山港	1.071	1.087	1.020	1.025	1.071
上海港	0.975	0.948	1.016	1.102	0.956

续表

港　口	年　份				
	2013—2014 年	2014—2015 年	2015—2016 年	2016—2017 年	2017—2018 年
长三角	1.029	0.876	1.018	1.061	1.018
深圳港	0.954	1.002	0.962	1.098	0.914
广州港	1.002	1.010	1.027	1.087	1.051
珠三角	0.974	0.939	0.992	1.088	1.006

进一步将 Malmquist 指数分解为综合效率指数和技术变动指数，见表 2-12，长三角、珠三角的 Malmquist 指数平均值分别为 0.999、1.011，结合京津冀的 Malmquist 指数平均值（0.990），说明在 2013—2018 年间珠三角的口岸港口物流效率整体是提升的，京津冀、长三角的口岸港口物流效率在降低，且京津冀口岸港口的物流效率降低幅度略大于长三角口岸港口。结合综合效率指数和技术进步指数分析，珠三角口岸港口的综合效率指数为 1.000，说明 2013—2018 年间珠三角口岸港口的管理较为合理，综合效率不增不减；技术变动指数为 1.011，可见样本考察期间，珠三角口岸港口技术进步状况较好。虽然京津冀和长三角的口岸港口物流效率都降低，但京津冀口岸港口的物流效率降低幅度更为明显，从两项分解指数来看，长三角口岸港口的技术进步状况要比京津冀口岸港口的更好，综合效率要更高。

表 2-12　2013—2018 年样本口岸港口的平均 Malmquist 效率指数及其分解指标

港　口	综合效率指数（EC）	技术进步指数（TC）	Malmquist 效率指数
宁波—舟山港	0.986	1.023	1.008
上海港	1.000	0.998	0.998
长三角	0.988	1.011	0.999
深圳港	1.000	0.984	0.984
广州港	1.000	1.035	1.035
珠三角	1.000	1.011	1.011

五、京津冀口岸港口物流效率低的原因分析

京津冀口岸港口物流效率低的原因是多方面的，同时对于不同港口的物流效率影响因素也有所不同。通过分析可以看出，京津冀 4 个口岸港口的物流效率低于与宁波—舟山港、上海港、广州港、深圳港的物流效率，物流效率低的原因受纯技术效率和规模效率的双重影响，其中又以规模效率为主。如 2014 年黄骅港规模效率为 0.992，即规模无效的状态；而 2016—2017 年秦皇岛港的纯技术效率和规模效率都处于无效状态，一方面说明秦皇岛港缺乏足够的业务量；另一方面说明秦皇岛港的港口设施投入过剩，资源没有得到有效利用。由于规模效率的变化可以最直观地反映在港口的业务量上，所以这里主要选择港口年设计通过能力与实际通过能力这两项最能表现出口岸港口物流效率的指标进行分析。京津冀 4 个口岸港口的主要业务是集装箱、煤炭及制品、石油天然气、金属矿石四大类货物。在长三角和珠三角的 4 个港口中，2013—2018 年，除深圳港外，其余 3 个港口的货物吞吐量都大于其年设计通过能力，业务量处于超饱和状态，这 3 个口岸港口的物流效率也较高，而京津冀 4 个口岸港口除天津港外，唐山港、秦皇岛港和黄骅港的业务量明显不足，其物流效率也较低。

从表 2-13 可以看出，整体来看，天津港、秦皇岛港的业务量较饱满，而唐山港和黄骅港的业务量不足。分年份看，2013 年京津冀 4 个口岸港口货物吞吐量与设计通过能力差距较大，主要表现为港口物流供给难以满足市场需求，但到 2015 年，出现了港口物流供给大于业务需求的情况，这主要受“一带一路”中欧班列的影响，一些港口腹地货物甚至港口所在城市货物的出口，由原来的海上运输转为铁路运输，出现了水路与铁路争夺货源的情况。但由于运输成本的巨大差异，从 2017 年起，又出现了京津冀港口物流供给小于业务需求的情况。具体到各港口情况看，物流供给与业务需求的情况又有所差异。

表 2-13 2013—2018 年各港口货物吞吐量与设计通过能力差额

单位：万吨

年 份	天津港	唐山港	秦皇岛港	黄骅港	总计
2013	7 063	2 403	3 561	2 043	15 070
2014	10 002	4 756	3 254	-5 969	12 043
2015	8 151	-4 684	1 160	-6 862	-2 235
2016	8 656	-5 050	-5 467	720	-1 141
2017	3 656	-1 080	971	2 478	6 025
2018	996	2 160	619	3 321	7 096
平均值	6 421	-249	683	-712	6 143

注：表格中的数据为各年份货物吞吐量与设计通过能力差额。

（一）天津港货物吞吐量与设计通过能力分析

1. 总体分析

2013—2018 年天津港的实际货物吞吐量均超过它的年设计通过能力（表 2-14）。2014 年实际货物吞吐量与年设计通过能力差额达到最高峰值 10 002 万吨，而 2018 年两者差额已缩小到 996 万吨，可见，天津港的业务量虽然已经处于超饱和状态，但整体呈下降趋势，照此趋势，未来几年有可能出现业务量不足的情况。

表 2-14 2013—2018 年天津港货物吞吐量与货物通过能力对比

单位：万吨

年 份	（1）实际货物吞吐量	（2）设计通过能力	（1）-（2）
2013	50 063	43 000	7 063
2014	54 002	44 000	10 002
2015	54 051	45 900	8 151
2016	55 056	46 400	8 656
2017	50 056	46 400	3 656
2018	50 774	49 778	996

2. 分类分析

通过对天津港四类货物实际吞吐量与年设计通过能力对比（表 2-15），可以发现天津港集装箱的平均实际吞吐量大于其年通过能力 28%，这也符合天津港在京津冀港口群中集装箱干线港的定位，但每年超过其设计通过能力也给天津港的设施设备造成一定的压力。煤炭及其制品的年设计吞吐能力几年来都保持 9 550 万吨不变，2013—2016 年煤炭及其制品吞吐量不断上涨，但从 2016 年开始下降，说明天津港的煤炭业务量逐渐受其他港口影响，在天津港今后的发展中应控制煤炭业务的投入。在石油天然气及其制品方面，2013—2018 年其货物吞吐量都未发生较大的变化，年设计通过能力基本与实际吞吐量相适应，而从平均值看，金属矿石的货物吞吐量超过其设计通过能力 81%，明显存在设施设备小于实际业务量需求的问题。

表 2-15 天津港四类货物年设计通过能力与吞吐量

年 份	设计能力与吞吐量	集装箱吞吐量/万标准箱	煤炭及其制品/万吨	石油天然气及其制品/万吨	金属矿石/万吨
2013	设计通过能力	1 125	9 550	4 889	5 300
	实际年吞吐量	1 301	8 962	5 307	10 817
2014	设计通过能力	1 131	9 550	6 217	2 900
	实际年吞吐量	1 406	10 779	5 256	11 770
2015	设计通过能力	1 131	9 550	4 859	2 900
	实际年吞吐量	1 411	11 413	5 448	2 840
2016	设计通过能力	1 131	9 550	4 859	2 900
	实际年吞吐量	1 452	11 943	5 143	11 969
2017	设计通过能力	1 131	9 550	4 820	2 900
	实际年吞吐量	1 507	9 700	5 707	10 394
2018	设计通过能力	1 131	9 550	7 757	3 880
	实际年吞吐量	1 601	8 371	6 701	10 533
平均值	设计通过能力	1 130	9 550	5 567	3 463
	实际年吞吐量	1 446	10 194	5 594	9 721
差额	实际-设计	316	644	27	6 258

（二）唐山港货物吞吐量与设计通过能力分析

1. 总体分析

唐山港从 2015 年的实际货物吞吐量小于年设计通过能力发展到 2018 年的货物吞吐量超过其年设计通过能力（表 2-16），说明唐山港的发展开始转好。

表 2-16　2013—2018 年唐山港货物吞吐量与货物通过能力对比

单位：万吨

年　份	（1）实际货物吞吐量	（2）设计通过能力	（1）-（2）
2013	44 620	42 217	2 403
2014	50 075	45 319	4 756
2015	49 285	53 969	-4 684
2016	52 051	57 101	-5 050
2017	57 320	58 400	-1 080
2018	63 710	61 550	2 160

2. 分类分析

从表 2-17 的数据来看，唐山港从 2016 年开始，集装箱吞吐量与年设计能力基本相适应。平均看煤炭及其制品的实际吞吐量小于其年设计能力 30%，2013—2016 年的煤炭及其制品吞吐量呈明显下降趋势，但其年设计通过能力却始终保持增长，导致了一定的资源浪费。石油天然气及其制品吞吐量几年来虽保持增长，但速度较为缓慢，年设计通过能力平均大于实际吞吐量 41%。与此相反，2013—2018 年唐山港的金属矿石保持着较大的吞吐量，实际吞吐量大于其年设计通过能力的平均值为 60%。

表 2-17　唐山港四类货物吞吐量与年设计通过能力

年　份	设计能力与吞吐量	集装箱吞吐量/万标准箱	煤炭及其制品/万吨	石油天然气及其制品/万吨	金属矿石/万吨
2013	设计通过能力	90	18 905	2 000	13 700
	实际年吞吐量	73	18 646	1 256	17 231
2014	设计通过能力	180	18 905	3 255	13 700
	实际年吞吐量	111	17 805	1 498	21 247

续表

年 份	设计能力与吞吐量	集装箱吞吐量/万标准箱	煤炭及其制品/万吨	石油天然气及其制品/万吨	金属矿石/万吨
2015	设计通过能力	180	27 555	3 255	13 700
	实际年吞吐量	152	15 148	1 659	22 331
2016	设计通过能力	180	29 505	3 255	13 700
	实际年吞吐量	194	14 324	1 767	24 294
2017	设计通过能力	180	29 505	3 060	13 700
	实际年吞吐量	253	17 739	1 935	24 749
2018	设计通过能力	226	33 005	3 060	13 700
	实际年吞吐量	296	26 282	2 401	21 983
平均值	设计通过能力	173	26 230	2 981	13 700
	实际年吞吐量	180	18 324	1 753	21 973
差额	实际-设计	7	-7 906	-1 228	8 273

（三）秦皇岛港货物吞吐量与设计通过能力分析

1. 总体分析

秦皇岛港只有在2016年出现了年设计通过能力大于其货物吞吐能力的情况，整体来看，货物吞吐量与年设计通过能力之差从2013年的3 561万吨减少到2018年的619万吨，同时秦皇岛港的货物吞吐量呈下降趋势（表2-18）。

表2-18 2013—2018年秦皇岛港货物吞吐量与货物通过能力对比

单位：万吨

年 份	（1）实际货物吞吐量	（2）设计通过能力	（1）-（2）
2013	27 260	23 699	3 561
2014	27 403	24 149	3 254
2015	25 309	24 149	1 160
2016	18 682	24 149	-5 467
2017	24 520	23 549	971
2018	23 119	22 500	619

2. 分类分析

秦皇岛港集装箱实际吞吐量增长较弱，设计通过能力平均值低于实际吞吐量的35%；但煤炭及其制品类货物增长明显，平均高于设计通过能力的11%，除2016年外，其余年份的煤炭及其制品吞吐量都大于其年通过能力。2013—2018年石油天然气及其制品的吞吐量不仅远远小于其年设计通过能力，而且还呈现连年减少的趋势，金属矿石吞吐量整体大于设计通过能力，但呈现不断下降的趋势（表2-19）。

表2-19　秦皇岛港四类货物吞吐量与年设计通过能力

年　份	设计能力与吞吐量	集装箱吞吐量/万标准箱	煤炭及其制品/万吨	石油天然气及其制品/万吨	金属矿石/万吨
2013	设计通过能力	75	19 265	1 540	400
	实际年吞吐量	39	23 828	880	616
2014	设计通过能力	75	19 455	1 680	400
	实际年吞吐量	41	23 964	767	609
2015	设计通过能力	75	19 455	1 766	400
	实际年吞吐量	50	22 234	740	554
2016	设计通过能力	75	19 455	1 766	400
	实际年吞吐量	52	16 138	378	532
2017	设计通过能力	75	18 855	1 686	400
	实际年吞吐量	56	21 660	364	546
2018	设计通过能力	75	18 855	1 686	400
	实际年吞吐量	58	20 431	307	223
平均值	设计通过能力	75	19 223	1 687	400
	实际年吞吐量	49	21 376	573	513
差额	实际-设计	-26	2 153	-1 114	113

（四）黄骅港货物吞吐量与设计通过能力分析

1. 总体分析

黄骅港的发展呈现较不稳定的态势，从表 2-20 可以看出，2015—2016 年，黄骅港的货物吞吐量激增，此后连年增长，导致其年设计通过能力无法满足实际需求，与实际货物吞吐量的差距逐年增大。

表 2-20　2013—2018 年黄骅港货物吞吐量与货物通过能力对比

单位：万吨

年　份	（1）实际货物吞吐量	（2）设计通过能力	（1）－（2）
2013	17 103	15 060	2 043
2014	17 551	23 520	-5 969
2015	16 658	23 520	-6 862
2016	24 475	23 755	720
2017	27 028	24 550	2 478
2018	28 771	25 450	3 321

2. 分类分析

如表 2-21 所示，从 2013—2018 年的平均值来看，黄骅港集装箱吞吐量低于设计通过能力的 35%，煤炭及其制品的实际年吞吐量略小于设计通过能力，石油天然气及其制品的年实际吞吐量是设计通过能力的 2.22 倍，在 2016 年更是高达 6 倍多，金属矿石吞吐量不断增长，但其年设计通过能力却维持在 3 000 万吨不变，导致业务量超过其设计能力约 13%。

表 2-21　黄骅港四类货物吞吐量与年设计通过能力

年　份	设计能力与吞吐量	集装箱吞吐量/万标准箱	煤炭及其制品/万吨	石油天然气及其制品/万吨	金属矿石/万吨
2013	设计通过能力	40	12 975	70	3 000
	实际年吞吐量	23	13 693	183	2 720
2014	设计通过能力	40	18 435	70	3 000
	实际年吞吐量	31	14 056	222	2 614

续表

年　份	设计能力与吞吐量	集装箱吞吐量/万标准箱	煤炭及其制品/万吨	石油天然气及其制品/万吨	金属矿石/万吨
2015	设计通过能力	95	18 435	70	3 000
	实际年吞吐量	50	12 727	267	2 778
2016	设计通过能力	95	18 435	70	3 000
	实际年吞吐量	60	19 248	456	3 870
2017	设计通过能力	95	18 435	190	3 000
	实际年吞吐量	65	21 092	478	3 995
2018	设计通过能力	95	18 435	190	3 000
	实际年吞吐量	72	21 222	516	4 341
平均值	设计通过能力	77	17 525	110	3 000
	实际年吞吐量	50	17 006	354	3 386
差额	实际-设计	-27	-519	244	386

六、结论与建议及研究的不足之处

（一）结论

通过对京津冀 4 个口岸港口与长三角、珠三角的口岸港口对比，以及对京津冀 4 个口岸港口的分析，可以得出如下结论。

1. 京津冀口岸港口物流静态效率较低

从整体看，2013—2018 年京津冀口岸港口的综合效率只有在 2015 年为 1，其余年份均小于 1，其中在 2016 年秦皇岛港的综合效率值仅为 0.697。进一步分析发现：京津冀口岸港口的纯技术效率在各年份均为 1，综合效率只受规模效率的影响。与同时期的 4 个样本口岸港口对比，长三角和珠三角的 4 个样本口岸港口的综合效率值大多为 1，其最低值是广州港 2018 年的 0.808。

2. 京津冀口岸港口物流动态效率处于低水平波动状态

京津冀 4 个口岸港口的 Malmquist 指数平均值为 0.990，而同期长三角的2个样本口岸港口的Malmquist指数平均值为0.999，珠三角的2个样本口岸港口的Malmquist指数平均值为1.011，相比而言京津冀4个口岸港口的动态物流效率处于较低状态，结合综合效率指数和技术进步指数分析，影响京津冀口岸港口物流效率提高的因素主要在于综合效率的降低。从各个口岸港口看：天津港的物流动态效率在6年间一直处在波动状态；唐山港在2013—2016年时的物流效率呈下降趋势，但2016—2018年则向好发展，物流动态效率保持提升状态；秦皇岛港除在2016—2017年的物流动态效率有所提升外，其他年份都在下降；黄骅港和唐山港类似，经历了2013—2015年的物流效率下降，但从2016—2018年，整体物流效率都在提升。从整体物流效率分析，2013—2018年京津冀4个口岸港口的规模效率明显低于纯技术效率，可见规模效率是影响京津冀4个口岸港口综合效率的主要因素；从技术进步指数看，京津冀口岸港口的技术进步指数（1.003）也明显低于长三角（1.011）和珠三角（1.011）的技术进步指数。

3. 京津冀口岸港口的资源配置不合理

从原因分析中可以看出，京津冀口岸港口的设计通过能力与年实际货物吞吐量不能完全匹配，港口资源配置不合理。通过测算京津冀4个口岸港口的货物年吞吐量与年设计通过能力之差，以及与长三角、珠三角口岸港口的数据对比可以看出，除深圳港外，宁波—舟山港、上海港、广州港2013—2018年的货物吞吐量都大于其年设计通过能力，业务量处于超饱和状态，这3个口岸港口的物流效率也较高。而京津冀4个口岸港口中除天津港外，秦皇岛港、唐山港和黄骅港的业务量均不足，且三个港口物流效率也较低。从具体口岸港口看，天津港整体业务量较大，其中的集装箱和金属矿石的业务量均大幅度超过设计通过能力；唐山港2018年的业务量也有大幅度增长，特别是金属矿石的业务量一直较大，超过了设计通过能力，但煤炭及其制品、石油天然气及其制品的业务量较小，出现了设计通过能力浪费的现象；秦皇岛港业务量整体不足且呈下降趋势，特别是集装箱、石油天然气及其制品的吞吐量远小于设计通过能力，只是煤炭及其制品和金属矿石的业务量大于设计通过能力；黄骅港业务发展呈不稳定状态，集装箱、煤炭及其制品的实际年吞吐量小于设计通过能力，但石油天然气及其制品、金属矿石的业务量远大于其设计通过能力。

（二）建议

提升京津冀口岸港口物流效率的关键是解决港口物流供给与实际业务之间不充分不平衡的矛盾，最终实现京津冀口岸港口物流一体化发展。

1. 解决港口物流供给与实际业务需求不充分的矛盾

（1）扩大腹地业务量。从以上分析可以看出，提高京津冀口岸港口物流效率的关键是提高物流规模效率，而提高规模效率需要扩大业务量。决定口岸港口业务量大小的因素有很多，如口岸港口的物流能力、管理服务水平等，但其中的一个关键因素就是腹地的大小及其经济发展状况。因此，对于货物实际吞吐量明显小于其年设计通过能力的口岸港口，应采取扩大经济腹地业务量来满足充分满足设计能力，以达到资源的最大化利用。以唐山港的煤炭及其制品类货物为例，2013—2016 年唐山港煤炭吞吐量的年设计通过能力始终保持增长，而实际货物吞吐量却一直在下降，若此时扩大唐山港腹地的煤炭及其制品业务量，将有效促进唐山港的资源利用，提高唐山港的规模效率，从而提升其物流效率。

（2）适度放缓口岸港口物流供给。口岸港口的物流效率是投入与产出的对比，在业务量相对稳定的情况下，稳定供给同样可以提高物流效率。口岸港口物流供给过度会导致口岸港口投入过剩、资源浪费。应明确京津冀 4 个口岸港口的定位然后再给各个港口制订发展计划。以集装箱货物为例，天津港是集装箱大港，2013—2018 年天津港的集装箱吞吐量都超过其年设计通过能力，存在明显的港口物流供给不足，而河北省 3 个港口的集装箱业务较少，尚未真正形成规模，其年设计通过能力却仍在不断增加，导致了资源的浪费，因此河北省口岸港口应适度放缓物流供给，控制总体规模。

2. 努力实现港口物流供给与实际业务之间的平衡

（1）明确各个港口的定位，发挥自身优势。2017 年由交通运输部、天津市政府、河北省政府联合印发的《加快推进津冀港口协同发展工作方案（2017—2020年）》中明确为京津冀港口提出六大任务，其中包括优化津冀港口布局和功能分工、加快港口资源整合、完善港口集疏运体系、促进现代航运服务业发展、加快建设绿色平安港口、提升津冀港口治理能力等[21]，为京津冀口岸港口的协同发展明确了方向；提出要完善主要货类运输系统，强化天津港集装箱干线枢纽港地位，以秦皇岛港、唐山港、黄骅港为煤炭主要装船港，以天津港、唐山港、黄骅港为矿石主要接卸港，控制天津港煤炭运输规模。外贸原油运输以天津港、唐山港为主要接卸港，适时发展黄骅港。因此，天津港主要发展集装箱业务，金属矿石业务可以分流到其他3个口岸港口（集装箱业务逐步集中于天津港）；唐山港可以适当扩大金属矿石的设计通过能力，缩小其他货物业务量；秦皇岛港继续发展煤炭及其制品业务，控制其他货物业务量；黄骅港以金属矿石的业务为主要发展方向。

（2）建立健全统一的领导协调机构，统一对口岸港口业务分工和协调。2014年，为了推进京津冀交通一体化发展，交通运输部成立了推进京津冀交通一体化领导小组及其办公室，京津冀三省市成立了京津冀交通一体化协作领导小组，三省市的交通运输部门建立了京津冀交通一体化联席会议机制。《加快推进津冀港口协同发展工作方案（2017—2020年）》要求在京津冀交通一体化领导小组的框架下，建立津冀港口协同发展协调机制。津冀省级交通运输（港口）管理部门要联合成立工作机构，协调解决津冀港口协同发展的重大问题，共同推进港口资源整合重大项目实施。根据京津冀4个口岸港口的发展情况，其协同发展基本遵循以天津港为核心，河北省港口为两翼的路径。为了促进京津冀口岸港口形成错位发展、优势互补的局面，相关部门可以在河北省港务局的基础上建立一个包含天津港、唐山港、秦皇岛港、黄骅港在内的统一领导机构，对港口设施设备、业务量、经验技术等实行统一管理、整合，实现资源的有效配置。

（3）推进口岸港口信息化建设，提高口岸港口科技水平。在2017年由交通运输部办公厅发布的《关于公布智慧港口示范工程名单及有关事项的通知》中，河北港口集团有限公司的“京津冀协同下的‘一键通’大宗干散货智慧物流示范工程”、唐山港集团股份有限公司的“港口企业危险货物智能化安全管理示范工程”和天津港集团有限公司的“京津冀港口智慧物流协同平台示范工程”三个智慧港口示范工程项目包含在内，说明京津冀口岸港口的智慧化建设取得了一定的成果。但是从天津港、唐山港、秦皇岛港、黄骅港与宁波—舟山港、上海港、深圳港、广州港的 Malmquist 指数对比分析可以看出，京津冀 4 个口岸港口的技术进步指数明显小于长三角、珠三角的技术进步指数，也即京津冀 4 个口岸港口的技术进步还有一定的拓展空间，可以更加深入推动口岸港口信息化的建设，利用“互联网+港口”、智慧港口等技术提升口岸港口的物流效率。

（三）研究的不足之处

在指标选取上，由于受资料的可得性限制，只选择了 4 个投入指标和 2 个产出指标，如果适当扩大指标的数量，可以使物流效率的研究更为全面。在对比分析中，限于篇幅，分别选择了长三角和珠三角中 2 个最大的口岸港口与京津冀 4 个口岸港口进行对比，并没有与长三角和珠三角所有的口岸港口的物流效率进行对比，因此，扩大对比港口的数量更具有可比性。

参考文献

[1] 王琴梅，谭翠娥．基于 DEA 模型和 Tobit 回归模型的分析 [J]．软科学，2013，27（5）：70-74.

[2] 高詹．城市物流效率及其空间溢出效应——以河南省为例 [J]．城市问题，2014（7）：62-68.

[3] 王蕾，薛国梁，张红丽．基于 DEA 分析法的新疆北疆现代物流效率分析 [J]．资源科学，2014，36（7）：1425-1433.

[4] 唐建荣，杜娇娇，唐雨辰．区域物流效率评价及收敛性研究 [J]．工业技术经济，2018，37（6）：61-70.

［5］汪长江．港口现代物流：概念诠释、效率测评与增进对策——绿色理念背景下基于宁波—舟山港一体化建设的研讨［J］．管理世界，2008（6）：180-181.

［6］张帆．港口物流效率的有效性分析及启示［J］．交通企业管理，2006（03）：45-46.

［7］李桃迎，王庆伟，陈燕．基于模糊聚类的我国主要港口物流效率分析［J］．科学技术与工程，2014，14（23）：92-96，119.

［8］李电生，张圣泽，员丽芬．港口物流综合效率测度研究［J］．交通运输系统工程与信息，2013，13（5）：107-113.

［9］张定，曹卫东，范娇娇，等．长三角城市物流发展效率的时空格局演化特征与机制［J］．经济地理，2014（8）：103-110.

［10］张璇，杨雪荣，王峰．新丝绸之路经济带物流效率评价——基于三阶段 DEA 实证分析［J］．学习与实践，2016（5）：21-32.

［11］唐建荣，杜娇娇，唐雨辰．区域物流效率评价及收敛性研究［J］．工业技术经济，2018，37（06）：63-72.

［12］秦雯．供给侧改革下珠海港口物流效率及影响因素研究［J］．商业经济研究，2018（22）：138-140.

［13］云俊，张帆．基于 DEA 模型的港口物流效率评价［J］．统计与决策，2006（19）：39-40.

［14］李谭，王利，王瑜．辽宁省港口物流效率及其与腹地经济协同发展研究［J］．经济地理，2012，32（09）：108-113.

［15］叶士琳，曹有挥，蒋自然，王佳韡．基于力学平衡模型的长三角港口物流发展协调性研究［J］．地理科学，2017，37（11）：1624-1631.

［16］吴利娟．基于共享理念的京津冀港口群效率优化［J］．水运管理，2018，40（03）：15-18.

［17］魏权龄．数据包络分析（DEA）［J］．科学通报，2000（17）：1793-1808.

［18］刘云枫，宋凯捷．基于 DEA 的北京市物流效率与环境影响研究［J］.

物流技术，2014（5）：83-85.

[19] 侯琳，冯继红．基于超效率 DEA 和 Malmquist 指数的中国农业生产效率分析［J］. 河南农业大学学报，2019，53（02）：159-167.

[20] 刘秉镰，余泳泽．我国物流业地区间效率差异及其影响因素实证研究——基于数据包络分析模型及托宾模型的分析［J］. 中国流通经济，2010，24（09）：18-21.

[21] 交通运输部办公厅，天津市人民政府办公厅，河北省人民政府办公厅．加快推进津冀港口协同发展工作方案（2017—2020 年）［EB/OL］. 2017 年 7 月 17 日．http：//www. ndrc. gov. cn/fzgggz/dqjj/qygh/201711/t20171130_ 869129. html.

本章作者：郝玉柱　李朝霞　汪　毅

第三章

京津冀生鲜农产品冷链物流断链关键节点及对策

京津冀农产品物流一体化深入推进。冷链物流断链严重影响农产品双向流通服务品质和安全保障能力，尤其是与“四个最严格”食品安全要求和首都“四个中心”功能定位要求还有较大差距，成为农产品流通“短板”。冷链物流涉及产业链条长，环节复杂，主体众多，断链现象时常发生，存在信息不对称、资产专用性、外部性等经济学理论难题，亟待加强理论研究。本章以京津冀生鲜农产品冷链物流为研究对象，依据产地预冷、仓储、运输、配送、零售、消费6个环节，以引起生鲜农产品冷链运营出现的问题为导向，建立故障树模型。利用GENIE软件为生鲜农产品冷链断链问题构建了一个包含32个节点的三层贝叶斯网络模型。首先找出生鲜农产品冷链物流断链的最薄弱环节是产地预冷环节，其次是城市配送环节，然后是运输环节、仓储环节和消费者环节。研究认为，产地农户没有预冷意识、知识缺乏以及经营农户组织化程度低、小而分散是导致生鲜农产品冷链断链的最主要因素。其次是冷库结构比例不均衡、车主为节省耗油中断制冷、收货对接效率低下，超市、小型门店等使用的保鲜设备不适宜、消费者缺乏冷链意识等。本章选择张家口到北京的蔬菜、天津到北京的水产品、寿光到北京的蔬菜三个品类农产品产业链案例进行研究，明晰冷链物流断链的关键环节和主要原因。研究提出建立市场—政府—社会协同治理机制，解决断链问题，形成京津冀生鲜农产品全程冷链，保障生鲜农产品持续安全供应，为全国农产品流通体系创新提供示范借鉴。最后，本章提出加强冷链物流营运企业的协调和整合，建立京津冀生鲜农产品冷链物流集团，完善冷链物流基础设施，建立京津冀冷链物流公共信息平台，开展京津冀冷链物流万里行活动等政策建议。

一、引言

京津冀协同发展深入推进，《京津冀现代农业协同发展规划（2016—2020 年）》《京津冀农产品流通创新行动计划》《环首都 1 小时鲜活农产品流通圈规划》加快实施，农产品流通体系创新先行示范区建设取得重要进展。相对于“最严谨的标准、最严格的监管、最严厉的处罚、最严肃的问责”四个最严的食品安全要求以及 2022 年冬奥会等重大活动对生鲜农产品的要求，冷链物流断链已成为制约京津冀生鲜农产品流通的主要问题。构建起从产区到销区的农产品全程冷链物流体系，对于保障京津农产品持续安全供应，带动河北等农业区农业高质量发展和乡村振兴、提高城乡居民生活品质具有重要现实意义。京津冀生鲜农产品产业链条长、环节复杂、市场主体多，既面临严重的信息不对称问题，也存在外部性、资产专用性等导致的市场失灵问题，通过系统研究冷链物流断链可以探索并建立新的相关物流理论框架和理论知识。

（一）产业链视角研究冷链物流断链可更加突出京津冀农业协同和高质量发展

一方面，京津冀城市群巨大的生鲜市场导致各种流通渠道纵横交错、并存发展，电商等新模式异军突起。另一方面，生鲜农产品流通链条衔接不畅、损耗率高、质量安全水平低、品牌化程度低等问题日益突出。从产业链之间如何互动互益和服务京津冀协同发展角度考虑，都需要冷链物流来承载农产品的产业结构优化和培育价值增值。冷链物流既是食品安全的前提，又是农产品向产业链高端发展或产业链有益延长的基础。

它不仅增强农产品的议价能力，保证了生产的规范化，也进一步促进河北等农业区的农业生产集约化发展和农产品结构优化。京津冀通过全程冷链物流体系，可实现价值链的价值增值和分配过程的优化升级，提升流通效率，降低物流成本，减少产后损失，发挥京津大都市消费引领的作用，带动河北等周边地区农业结构调整和农民持续增收，为全国农产品流通体系创新提供示范借鉴。

（二）解决断链问题可以提高人民群众生活品质并促进京津冀消费升级

农产品冷链与供应链建设滞后，不能满足京津冀城市群的社会需求，尤其是与“四个最严格”食品安全要求和首都“四个中心”功能定位要求还有较大差距，是流通领域供应链体系建设的短板。目前，京津冀地区冷链物流的产品大部分是初级农产品、生鲜食品，断链现象十分严重，腐损率居高不下，存在严重的安全隐患。特别是肉类等冷藏冷冻类食品，由于中间断链现象的发生，导致食品二次冷藏或冷冻，致使微生物生长速度加快，病原菌分泌毒素的速度增长，无形中对人体造成极大的伤害。发展冷链物流是促进京津冀消费安全的有效支撑，将为人们的生活带来更多优质安全的保障。不仅如此，冷链物流是隐藏在食品安全背后的“冰山”，消费者对于冷链物流的重要性还缺乏足够认识，从产业链视角建立科学的消费者认知从而形成正向循环效应，可以减少断链隐患，保障生鲜农产品品质和消费安全，满足人们高品质、多样化生活的需要。

（三）有助于探索促进大城市都市圈农产品冷链物流理论和交叉学科创新发展

大城市群生鲜农产品稳定供应是一个庞大而复杂的系统。冷链物流是隐藏在京津冀生鲜农产品背后的“黑箱”，既要保证民生需求和食品安全，经受冬奥会等重大活动考验，还要带动河北等农业地区农业结构优化和农民持续增收。宋则[1]指出在城乡二元结构和大国小农的基本国情下，京津冀地区需要创新发展生鲜农产品冷链物流体系，为全国农产品流通体系创新提供示范借鉴。然而，改变农产品冷链物流落后的局面绝非易事，而如何保证冷链物流体系各环节相互衔接并实现全程冷链更是绕不过去的要害问题。从产业链视角来看京津冀的断链问题，其存在严重的信息不对称，冷链物流本身也有资产专用、外部性等特征，亟待建立经济学研究框架。鉴于此，有必要对京津冀农产品冷链物流系统结构和各模块进行重新审视，寻找降低并消除生鲜农产品冷链物流的断链风险，形成全程、高效、快速的农产品冷链物流体系，发展出适合中国国情的大都市圈农产品冷链物流发展理论，形成交叉学科创新，开拓并丰富这一领域的管理知识。

二、文献综述

（一）京津冀协同发展对农产品冷链物流的新要求

Huang 和 Rozelle[2] 指出城乡居民收入提高和城镇化刺激了肉品、果蔬和其他生鲜农产品需求的增长。万宝瑞、张雯丽和温铁军等[3-7] 指出社会上对农产品和食品的需求，不再停留在传统的初级产品，多元化、优质化和安全的农产品和食品备受青睐。孔祥智[8]、陈玛琳和陈俊红等[9] 指出京津是农产品高需求聚集区，需求数量多、要求高，河北则是农产品主要产地之一，京津冀农产品供应互补性强。王淑云[10] 和丁秋雷等[11] 认为人民消费理念的转变对生鲜农产品冷链物流的运作提出了更高挑战，冷链物流无疑是保证鲜活农产品的新鲜度与品种的重要环节。Oliva 和 Revetria 认为农产品冷链物流是包含了产地预冷、冷藏车运输、冷库储存、配送、零售等一体化的供应链网络。陈镜羽[12]、洪涛[13] 认为随着电商的迅速发展，更加凸显了冷链物流的重要性。车卉淳等[14] 指出京津冀三地的冷链物流产业严重不均衡，河北省的冷链物流设施远远落后于京津两地，冷链物流体系滞后是制约京津冀农产品流通发展的重要因素。

（二）断链是京津冀生鲜农产品冷链物流发展的主要问题

陈玛琳和陈俊红[15] 等指出北京蔬菜、水果等生鲜农产品自给率偏低，随着城乡居民对“菜篮子”产品的需求日益提高，加强“菜篮子”区域间合作的需求日益迫切。杜鹰[16]和周应恒[17]认为河北是距离北京最近的省，又是农业大省，具备天然优势，但存在京津冀三地合作意识不强，流通效率不高，产业链条较短等问题，其中一个根本原因就是冷链物流发展不均衡造成的断链现象普遍存在。黄宗智[18]提出农业产业链纵向一体化只可能高度依赖小农户自己以及小商小贩，如何将分散的小农户整合成一个纵向一体化的物流体系，形成快速、高效、全程无断链的冷链网络，是巨大的难题。丁俊发[19]、王永康[20]、杨路明和马小雅[21]认为京津冀农产品供应链在冷链物流供给严重不足的情况下，如何确保冷链物流各环节的有效衔接，实现全程冷链，已经成为制约鲜活农产品冷链物流发展的最大瓶颈。

（三）产业链视角下京津冀生鲜农产品冷链物流断链的关键节点

1. 产地环节

田间地头的产地预冷是农产品冷链物流第一个重要环节。凌建刚[22]认为尽管京津冀地区农产品产地预冷产业发展势头良好，但依然存在不少问题，预冷技术薄弱，冷库结构不合理，采后损耗大等现象依然突出，这些是造成产地环节断链的主要原因。

2. 仓储环节

对生鲜食品影响最重要的是仓储环节的温度，仓储环节也是生鲜农产品冷链物流的重要组成部分。陈晓旭等[23]针对第三方物流参与的三级冷链系统库存问题进行研究后发现，仅仅依赖集中决策的方式无法真正实现供应链系统的协调，导致冷链物流存在断链，但其并未进一步提出有效的解决方案。

3. 运输环节

冷链物流运输环节“断链”现象较为普遍，运输装备技术水平低、行业监管不足、标准规范执行不到位，影响了冷链物流整体服务品质和安全保障能力[24]。

4. 配送环节

冷链物流配送产品过程中，遇到的各种不确定性因素也会有所增加，而这些不确定性事件常常发生在生鲜农产品的配送过程中，如交通堵塞、设备故障、顾客的需求量发生变化以及顾客的时间窗变动等，冷链断链现象时有发生。

5. 零售环节

由于市场的不稳定性，很容易造成农产品滞销等情况，这无疑会使销售时间增加，导致农产品腐烂变质[25]。总体而言，目前冷链物流断链的研究主要集中在单个环节，缺乏从产业链视角的系统研究，缺乏深入调研的案例研究。

（四）京津冀生鲜农产品冷链物流断链的影响因素

1. 小规模农户参与度不高导致断链

李霖和郭红东等[27]指出对于广大小农户而言，由于自身各方面的综合实力不强、信息不对称、交易费用高以及生产标准化程度低等原因，小农户通过市场体系与现代农业进行有机衔接仍然存在诸多方面的障碍。

2. 农产品的价值不高导致断链

任何冷链物流设施的使用均取决于正在冷却和储存的食品的市场价值和设施的使用效率。“地板”抬升、“天花板”下压使得农业生产空间越来越小，而且农户也没有定价权，这也可能导致农产品冷链物流断链。

3. 相关利益主体对农产品冷链认识不足导致断链

目前，大部分消费者比较看重价格因素，这就导致无论生产企业、下游客户，还是广大普通消费者，对冷链物流的概念都比较陌生，冷链意识淡薄，认识不到冷链物流对于食品安全的重要性，由此导致冷链市场需求迟迟无法打开[28]。

4. 农产品交易方式的选择导致断链

合同农业是西方发达国家现代农业的重要特征，包括中国在内的发展中国家合同农业发展也比较迅速。合同交易制度直接决定着小农户承担的市场风险大小和所能得到的收益规模，最终影响参与行为和履约决策。

5. 冷链物流的基础设施不够完善导致断链

在基础设施方面，我国与发达国家存在较为明显的差距，基础设施薄弱[29]。以汪晔[30]、毋庆刚[31]为代表的学者认为：生鲜农产品冷链物流的基础设施条件比较差导致了断链。

6. 京津冀农产品冷链监管制度不够完善导致断链

从目前来看，我国还没有制定专门的法律法规，生鲜农产品冷链物流的出现与发展，主要依靠的是生鲜农产品冷链物流市场主体的自发行为，带有比较明显的随意性[32]。

7. 冷链物流所需成本高可能造成冷链物流断链

张建奎[33]认为冷链断链现象表面上是由于冷链企业成本限制不得不放弃高昂的冷链技术，深层次的原因是我国先进冷链技术使用成本较高导致断链。总体来讲，不管是物流设施、技术方面的成本，还是在运输配送途中造成损耗的成本，都是制约我国冷链物流发展的一大难题。

8. 京津冀冷链物流市场发展不充分不规范导致断链

由于冷链物流一次性投入高，成本回收慢，因此农副产品物流相对来讲市场化程度低，特别是专业冷链物流公司发展严重滞后，满足不了快速增长的冷链物流需求[34]。

（五）对于农产品冷链物流断链治理的研究

1. 从市场角度出发

加强冷链物流营运企业的协调和整合，促进第三方冷链企业发展。

2. 从政府监管角度出发

李昌兵等[35]认为当政府的惩罚或补贴力度大于相应临界值，农产品的供应商和加工商的演化稳定策略是投入冷链物流。

3. 社会组织的作用

提升利益相关者对冷链物流的认知，能从根本上解决断链，达到降低损耗、降低隐性浪费的目的。同时，要把冷链物流知识与食物营养科普结合起来，特别是在饮食习惯的改进、保鲜技术的运用等方面进行科普[36]。

综上，农产品冷链物流受到国内外学术界的广泛关注，取得了丰硕成果。但在大城市圈的闭环冷链物流体系建设中也存在有待进一步研究和填补的领域。本章将采用京津冀生鲜农产品产业链的统一视角，论证分析农产品产业链中冷链物流断链的关键环节、市场主体，刻画冷链物流断链的产业链全景图，构建冷链物流断链的市场—政府—社会协同治理新机制，明确治理机制的行动结构、行动机制、治理创新和行动方案等。

三、京津冀生鲜农产品冷链物流断链的关键节点分析

农产品冷链物流涵盖从生产到销售全过程，构成由产地、包装加工、仓储、运输、配送和零售、电子商务等环节形成的冷链物流产业链。生鲜农产品冷链物流断链是指生鲜农产品在冷链物流运作过程中，由于冷链物流节点、冷链物流设备缺乏以及相关企业和工作人员没有严格按照冷链物流要求工作，导致在某个运作节点或环节使生鲜农产品处于常温或高温的断链状态。中国生鲜农产品冷链物流发展还处于起步阶段，还没有完整独立的冷链物流体系。冷链物流所涉及的上游、中间和下游环节没有很好地衔接起来，运作过程中生鲜农产品冷链物流出现“断链”和“断点”是一种常态。但是最终销售给消费者时，并不能确切知道是哪个冷链环节出现断链问题。生鲜农产品冷链物流可能出现断链的环节如图 3-1 所示。

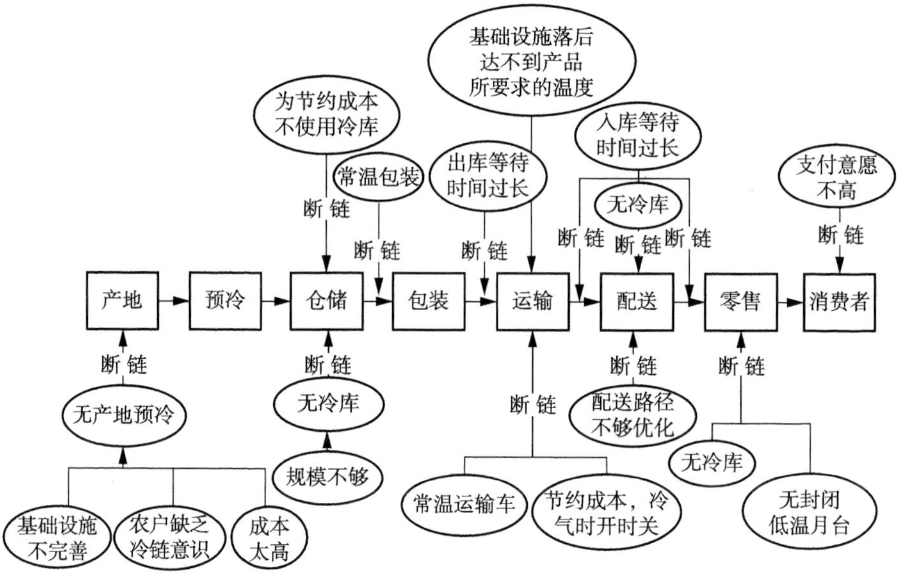

图 3-1　生鲜农产品冷链物流可能断链的环节

（一）产地环节的断链

田间地头的产地预冷是农产品冷链物流保鲜的第一个重要环节。因为冷链具有不可逆性，第一环节没有做到位，后面的运输、销售环节做得再好，食品质量也会打折扣。在田间地头迅速将果蔬冷却到适宜运输或储存的最低限温度，尽可能地保持农产品硬度和鲜度等品质指标，可延长运输和储藏的有效时间。由于预冷环节在国内往往遭到忽视，我国农产品产地市场体系尚未形成、农产品产地预冷尚未普及，目前，我国农产品的产地预冷保鲜率仅为 30%，远低于欧美发达国家的 80%。同时，我国的农产品产地预冷技术还相对落后，常用的预冷方法是冷库预冷，或者自然通风降温，这些方法效果较差，时耗较长。而低成本的预冷方法如加冰预冷、水预冷和真空预冷等在我国使用率较低，加之由于农产品“最先一公里”冷链基础设施不完善，农产品采摘后无法在第一时间预冷、分级、包装、标准化，导致农产品损耗高，每年损耗超过 3 000 亿元人民币，远远超过发达国家的平均水平。经调查，超过 60%的产地企业认为现有冷库不能满足需要。其直接后果是“最先一公里”预冷比例不高，全链条温控难以实现，导致农产品保质期缩短、流通过程损耗加大。

（二）仓储环节的断链

对生鲜农产品影响最大的是仓储环节的温度，仓储环节也是生鲜农产品冷链物流的重要组成部分。仓储在冷链物流过程中属于静态环节，其作业主要是在冷库中进行。目前我国冷库结构比例不平衡，重视肉类冷库建设，水果和蔬菜类冷库建设被忽视；注重大型、中型冷库建设，忽略了批发零售冷库的建设。在冷库管理方面，由于用电高峰期和低峰期电费价格不同，国内许多冷库管理人员为了减少物流成本，常常在电费价格较低时才使用制冷设备，而电费价格高时少开制冷设备，导致温度出现波动。再加上有时设备管理人员没有很强的责任感，可能会出现冰箱内温度波动超过规定的标准。在仓库管理方面，每个企业的管理水平和要求参差不齐。有的企业对仓库管理要求严格，要求食品放置时距墙壁、天花板、地板有一定距离，保持空气流动畅通。而管理不严的企业让食品直接接触墙壁或天花板，这将严重影响冷空气流动，难以实现对冷冻食品的温度要求。

（三）运输环节的断链

我国冷链物流运输环节出现断链现象较为普遍，冷藏运输是保障生鲜农产品全程冷链的重要组成部分，运输不仅连接了农产品冷链的产、供、销，也是现代化冷链物流系统的核心。生鲜农产品冷链物流的各个环节均存在运输，其贯穿生鲜农产品的生产、加工、配送和消费过程，在这些物流节点之间，存在需求各异的运输承运方和托运方，伴有载运工具的转换衔接。中国在冷藏车总量以及人均占有量上与美国、日本等发达国家相比有很大差距。在运输过程中，对所使用的冷链硬件设备要求很高，既要内部温度稳定，又不能受外界气候条件的影响，以达到一定的储运效果。但是由于很多物流企业目光短浅，为了节约运输费用，通过改装不符合规格运输车或者采用常温车加棉被的方式进行运输，甚至在运输开始和结束时才打开制冷设备，在途中一直处于关闭状态，造成运输途中断链。

（四）配送环节的断链

农产品在冷链物流配送过程中，断链现象时有发生。作为冷链物流的关键部分，冷链配送过程具有高度的不确定性、动态性和连锁性等特点，容易受到众多干扰事件的影响，使得事先制订好的计划受到影响，甚至导致冷链中断。

对于低温配送，首先在时间上要求尽量缩短运作周期，但是目前国内从事配送的企业各自为营，甚至为了压低配送成本进行恶意竞争，在配送的过程中并没有做到温度控制。配送中的断链更多地来自弱势的物流企业与强势的商超之间效率低下的对接，许多超市没有实行预约收货制度，货到超市后按先后顺序排队，当碰到收货高峰期时，收货甚至要等待数小时，冷冻食品没有专门的收货口，也必须在常温下排队，超市门前经常送货拥堵，等待时间很漫长，加剧了生鲜食品的安全隐患。并且由于配送不高度集约化，商超的货物是由多家配送商或供应商分别配送到门店，送货批量小、批次高导致交通压力大，超市收货效率低、订单满足率不高，商品质量无法保证。另一方面，相关的配送工作人员缺乏责任感及对冷链的认知。生鲜农产品不是立刻出现品质变化的，而是在一段时间内产生渐变，若不对其进行仪器检测，肉眼很难识别。目前我国企业都知晓物流是企业的第三利润源，而物流成本贯穿于企业经营整个活动，所以众多企业都选择将物流外包以降低生产企业成本，在此宏观环境下，配送几乎都是由第三方配送企业人员来完成，而不是生鲜农产品生产企业。这样的外包关系导致配送人员只是为了完成配送任务而配送，冷链配送意识不强，对断链会造成生鲜农产品品质变化的后果关注极少。这些都加剧了配送过程中断链现象的发生。

（五）零售环节的断链

在零售渠道中，销售场所的温度、湿度、保管不善等造成的自然物理性变质以及顾客对产品进行翻拣、折断、去皮等带来的价值损耗，直接影响了销售量及零售商的收益。据统计，目前我国在超市、便利店、大卖场销售的冷链生鲜农产品一般使用的都是大小不一的低温陈列柜，并且许多小型零售商为了控制成本，大多运用步入式冷柜或展示柜进行销售，而销售环节中实际现场测试温度往往会远高于生鲜农产品所需冷藏温度点。因为不同的顾客挑选不同的产品就会存在频繁存取货品现象，冷柜不能及时关闭，打破了恒温环境，致使生鲜农产品的贮藏温度一直处于波动之中。比如冻肉的最佳冷冻温度是-17.8℃，而实际冷冻柜中的温度要远远高于此，再加上顾客频繁开关冷柜拿取货品，使冻肉不断受到外界高温气团的冲击，从而降低了食品的质量。

（六）消费者环节的断链

我国消费者普遍冷链意识薄弱，导致需求和认识层面的断链。食品质量的好坏，不仅仅取决于最终的销售，而是一个持续的过程。很多消费者有这样的误解：冷链只不过是冷冻冷藏销售，当从超市购买了质量不好的冷冻食品，只会认为是超市的销售问题，不会把原因归结到自身。若消费者提高冷链意识，做到如购物时最后再把冷冻食品放入购物篮，减少冷冻食品的解冻时间，小包装的冷冻饮品即开即饮，大包装的尽快封口冷藏等，或者消费者维护好自身的权利，从需求方面引导生产商和销售商，则必能降低食品安全事故的发生。另外，消费者对冷链的意识薄弱，不愿意对冷链支付高价格，不接受优质优价，冷链的发展最终需要得到市场的认可，消费者对冷链食品的接纳程度也成为关键性因素。

四、京津冀生鲜农产品冷链故障树分析

农产品冷链物流涵盖从产地到消费者终端的全过程，大致包含产地预冷、仓储、运输、配送等环节，可以利用各环节之间的联系建立

故障树模型。故障树是由各事件的逻辑门之间相互联系构成的，适用于复杂问题的定性、定量分析。利用结构函数得到故障树的表达式如下：

$$\varphi(x)=\begin{cases}1，\text{顶事件 T 发生}\\0，\text{顶事件 T 不发生}\ (i=1,\ 2,\ 3,\ \cdots,\ n)\end{cases} \tag{3-1}$$

故障树中的顶事件状态是由底事件决定的，$\varphi(x)$是目标系统的状态逻辑函数，该函数的自变量是各个底事件的状态，不同的故障树根据事件和逻辑门形成不同的状态逻辑函数。故障树中基本术语与符号如下。

（1）故障树：一种倒树状的复杂逻辑关系图，它采用自己特有的符号，包括事件符号和逻辑门符号，表达系统中各事件之间的关系。

（2）顶事件：系统的故障事件，在故障树的顶端，也是所有逻辑门最终的输出事件，而非输入事件。

（3）中间事件：在顶事件和底事件之间，同时是某个逻辑门的输出事件和另外一个逻辑门的输入事件。

（4）底事件：故障树中最基本的事件，是导致系统故障的原因，位于故障树最底端，是故障树中逻辑门的输入事件，而非输出事件。其中基本事件是在特定故障树分析中无须探明其发生原因的底事件。

根据冷链物流断链的环节，构建生鲜农产品冷链断链的故障树模型，步骤如下：

（1）将生鲜农产品冷链断链作为顶事件；

（2）将生鲜农产品冷链物流中预冷、仓储、运输、配送、零售、消费者六个环节断链作为中间事件；

（3）将各个环节内部的断链原因作为底事件。

根据对故障树物理结构和农产品冷链断链影响因素的分析，筛选具有代表性的影响事件，表 3-1 中详细罗列了生鲜农产品冷链断链的故障树事件。

表 3-1　冷链物流断链的环节及事件

顶事件	中间事件	底事件
生鲜农产品冷链断链 T	产地预冷环节断链 A1	X1 产地没有配套预冷设施
		X2 冷库建造不合格效果差
		X3 预冷设施使用成本高
		X4 农户没有预冷意识、知识缺乏
		X5 经营农户组织化程度低，小而分散
		X6 预冷技术相对落后
		X7 预冷操作细节标准缺失
	仓储环节断链 A2	X8 冷库管理水平和人员责任感低
		X9 企业为节省电费，私自中断冷库制冷
		X10 冷库结构比例不均衡
		X11 受季节影响出现周期性缺少冷库
	运输环节断链 A3	X12 标准冷藏运输车成本高
		X13 冷链运输企业标准执行不到位，改装车监管松散
		X14 车主为节省耗油中断制冷
		X15 农产品本身价值不高，货主冷链意愿不强
	配送环节断链 A4	X16 配送行业恶意竞争压低配送成本
		X17 收货对接效率低下，冷冻产品暴露在常温下过久
		X18 配送批量小批次高，配送路径不够优化
		X19 配送人员缺乏责任感及冷链知识
		X20 外包配送环节货主无法直接管理
	零售环节断链 A5	X21 卖场频繁存取货品，冷柜不能及时关闭
		X22 超市、小型门店等使用的保鲜设备不适宜
	消费者环节断链 A6	X23 消费者对全程冷链不信任
		X24 消费者缺乏冷链知识
		X25 消费者不愿意支付冷链高价格

其中以生鲜农产品冷链断链作为故障树的顶事件，依据产地预冷、仓储、运输、配送、零售、消费六个环节，以引起生鲜农产品冷链运营出现问题为出发点。在确定好生鲜农产品冷链断链的环节及事件后，由它们使用逻辑门来构建故障树的各个中间事件，从而形成生鲜农产品冷链断链的故障树结构，如图 3-2 所示。

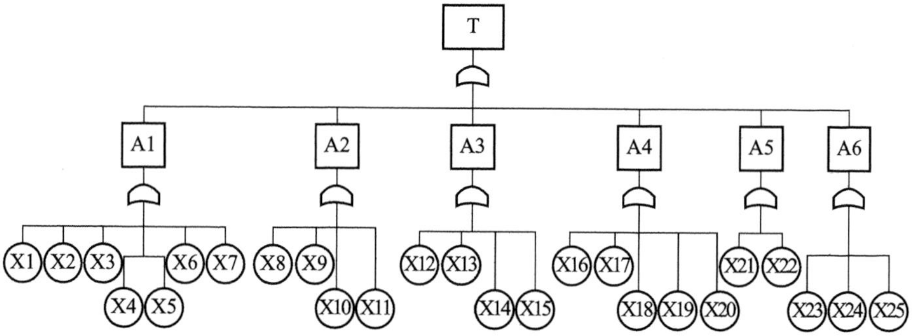

图 3-2　故障树模型图

利用图 3-2，可以给出顶事件、中间事件与底事件的基本关系如下：

$$T=A1\cup A2\cup A3\cup A4\cup A5\cup A6 \tag{3-2}$$

$$A1=X1\cup X2\cup X3\cup X4\cup X5\cup X6\cup X7 \tag{3-3}$$

$$A2=X8\cup X9\cup X10\cup X11 \tag{3-4}$$

$$A3=X12\cup X13\cup X14\cup X15 \tag{3-5}$$

$$A4=X16\cup X17\cup X18\cup X19\cup X20 \tag{3-6}$$

$$A5=X21\cup X22 \tag{3-7}$$

$$A6=X23\cup X24\cup X25 \tag{3-8}$$

在上式中，$A1\cup A2\cup A3\cup A4\cup A5\cup A6$ 是中间事件 A1、A2、A3、A4、A5、A6 通过或事件连接起来，意味着六个环节中任何一个环节出现问题，都会导致顶事件的发生，即生鲜农产品冷链断链。其他公式可以类似给出解释。通过图 3-2 还可以清晰看出生鲜农产品冷链断链故障树存在 25 个最小割集。

利用故障树的分析方法，揭示了生鲜农产品冷链断链的发生过程中，由各个底事件逐步影响到中间事件，再由中间事件影响顶事件，这就形成了一系列的前因后果关系。本章将利用贝叶斯网络进一步分析生鲜农产品冷链断链的原因。

五、京津冀生鲜农产品冷链断链的贝叶斯网络分析

故障树常被用来对复杂系统进行故障分析，其树状结构可以清晰反映出故障原因与故障类型之间的关系，但是分析过程中存在不确定性以及故障模式独立等不足。本章将故障树与贝叶斯网络模型融合，模型的图形描述能弥补故障树的事件相关性差、只表达二态性等缺点。

本章采用将故障树转化为贝叶斯网络来计算基本事件概率的方式。据此建立故障树模型，若再将模型转化为贝叶斯网络，各影响因素对应于贝叶斯网络的每个节点，则可以反推生鲜农产品冷链断链产生时各影响因素的作用。

故障树转化为贝叶斯网络的规则：故障树中的每个事件在贝叶斯网络中可以建立相应的结点，并确定结点的状态。对于重复事件只建立一个结点，有时根据问题的性质可合并结点或增加结点。根据故障树的逻辑关系建立贝叶斯网络中各结点间的弧向连接。转化得到的贝叶斯网络模型如图 3-3所示。

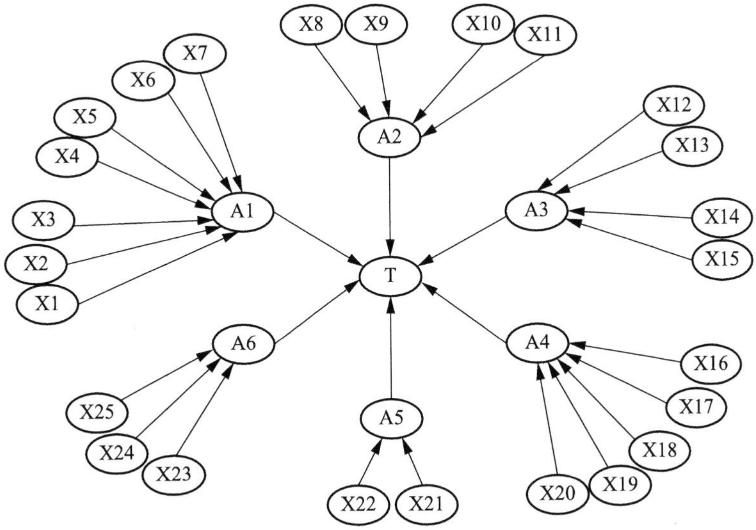

图 3-3　贝叶斯网络模型

根据故障树中的已知条件和逻辑关系，确定贝叶斯网络中父结点的先验概率表、子结点的条件概率表或效益值表。

在给定条件概率 $P(x_i)$、$P(T \mid x_i)$ 的情形下求 $P(x_i \mid T)$，其中 $P(x_i)$、$P(T \mid x_i)$ 为先验概率，可以由专家经验和文献调研得到。

贝叶斯公式可以表示为：

$$P(x_i \mid T) = \frac{P(x_i, T)}{P(T)} = \frac{P(x_i)P(T \mid x_i)}{P(T)} = \frac{P(x_i)P(T \mid x_i)}{\sum_{i=1}^{n} P(x_i)P(T \mid x_i)} \quad (3-9)$$

从故障树到贝叶斯网络模型的转化主要分为以下几步：将故障树的每个基本事件变成贝叶斯网络模型的父节点。如果故障树基本事件出现频繁，则贝叶斯网络模型中只需要用一个节点表示，不用多次表示。对应于故障树基本事件的概率值，给出贝叶斯网络模型的父节点先验概率。故障树中事件之间是用逻辑门联系的，在建立贝叶斯网络模型时，节点之间用有向弧线连接，箭头表示其因果关系。有向弧连接的各个节点中，需要表述出其依赖关系的因果程度，这就是条件概率表（Conditional Probability Table，CPT），有的可以直接取自故障树模型的概率数值，有的需要用实验或者实践的办法获得。

运用贝叶斯准则，可以进行正向和反向推理。正向推理是指通过父节点和条件概率表来计算子节点的概率，反向推理是指当 T 事件发生时计算父节点概率。这有助于定位事件发生的源头。

贝叶斯网的学习就是确定贝叶斯网的网络结构和与之相应的参数，在已知节点数目的条件下，贝叶斯网的结构和参数可以由三种方式确定。一种是通过专家只是确定网络的结构，并指定它的参数。第二种是通过专家只是确定网络的结构，然后从数据中学习网络的参数。第三种是直接从数据中学习贝叶斯网的结构和参数。鉴于生鲜农产品冷链是近年来新兴的、还有待加强规范管理的产业链，丰富的事件库难以获取，在无法选择从数据中学习贝叶斯网络结构和参数情况下，本章中的贝叶斯网络结构、条件概率参数通过之前建立的生鲜农产品冷链断链故障树模型转化而来，通过专家问卷调查来指定网络参数中的先验概率。由专家的行业经验得出贝叶斯各基本事件先验概率，并对多个概率值采取平均法而获得，见表3-2①。

表 3-2　生鲜农产品冷链断链的基本事件先验概率

序　号	基本事件	先验概率
X1	产地没有配套预冷设施	0. 384 211
X2	冷库建造不合格效果差	0. 318 421
X3	预冷设施使用成本高	0. 368 421
X4	农户没有预冷意识、知识缺乏	0. 378 947
X5	经营农户组织化程度低，小而分散	0. 371 053
X6	预冷技术相对落后	0. 334 211
X7	预冷操作细节标准缺失	0. 323 684
X8	冷库管理水平和人员责任感低	0. 302 632
X9	企业为节省电费，私自中断冷库制冷	0. 339 474
X10	冷库结构比例不均衡	0. 321 053
X11	受季节影响出现周期性缺少冷库	0. 360 526
X12	标准冷藏运输车成本高	0. 371 053
X13	对于冷链运输企业管理标准执行不到位，改装车监管松散	0. 339 474
X14	车主为节省耗油中断制冷	0. 334 211
X15	农产品本身价值不高，货主冷链意愿不强	0. 363 158
X16	配送行业恶意竞争压低配送成本	0. 297 368
X17	收货对接效率低下，冷冻产品暴露在常温下过久	0. 355 263
X18	配送批量小批次高，配送路径不够优化	0. 315 789
X19	配送人员缺乏责任感及冷链知识	0. 331 579

① 调研数据来源于国家发展改革委 2019 年在河北高碑店召开的京津冀农产品流通创新工作推进会的部分专家、企业代表以及 2019 年在南京召开的中国物流学术年会乡村振兴与冷链物流发展研讨会的专家。共发放问卷 100 份，收回问卷 63 份，问卷有效率 46%。

续表

序　号	基本事件	先验概率
X20	外包配送环节货主无法直接管理	0. 292 105
X21	卖场频繁存取货品，冷柜不能及时关闭	0. 313 158
X22	超市、小型门店等使用的保鲜设备不适宜	0. 307 895
X23	消费者对全程冷链不信任	0. 334 211
X24	消费者缺乏冷链知识	0. 318 421
X25	消费者不愿意支付冷链高价格	0. 302 632

需要进一步确定贝叶斯网络中节点条件概率，节点的条件概率根据已建立的故障树模型连接门的逻辑关系进行确定，篇幅所限，仅以 A2 点为例给出条件概率表，见表 3-3。

表 3-3　贝叶斯网络中 A2 节点条件概率

X8	0								1							
X9	0				1				0				1			
X10	0		1		0		1		0		1		0		1	
X11	0	1	0	1	0	1	0	1	0	1	0	1	0	1	0	1
A2 不发生	1	0	0	0	0	0	0	0	0	0	0	0	0	0	0	0
A2 发生	0	1	1	1	1	1	1	1	1	1	1	1	1	1	1	1

在表 3-3 中，X8、X9、X10 行的“0”代表基本事件不发生，“1”代表基本事件发生。A2 不发生、A2 发生行的“0”和“1”代表中间事件发生概率。剩余节点 A1、A3、A4、A5、A6、T 的条件概率表可以根据逻辑关系同样给出，不再重复罗列。

根据生鲜农产品冷链断链各根节点的先验概率，能够求解各中间事件的概率，即可以得到冷链过程中各个环节发生断链的可能性大小，从而清楚辨析全程冷链中的薄弱环节。

借助 GENIE 软件计算中间事件概率，找出生鲜农产品冷链物流断链的薄弱环节首先是产地预冷环节，其次是城市配送环节、运输环节和仓储环节。在对全程冷链中可能出现的问题进行集中剖析时，产地预冷环节 A1

发生故障的概率最高。即产地没有配套预冷设施，农户没有预冷意识、知识缺乏，这两者是导致生鲜农产品冷链断链的最大致因源头。在城市配送环节发生断链的可能仅次于产地环节。农产品配送过程中断链现象时有发生，效率低，腐损率极高，难以保障流通安全。在已经建立好生鲜农产品冷链断链的贝叶斯网络模型，并且获取到基本事件概率、分析清楚条件概率后，就可以通过 GENIE 软件表述出各个节点之间的关系，可以设置顶事件断链发生的概率值，当把断链概率设置为 1 时，其基本事件的后验概率见表 3-4。贝叶斯网络具备双向推理的优势，逆向推理可以帮助探究当顶事件发生时，基本事件（底事件）发生的可能性大小，即基本事件的后验概率，从而探求得到最大致因链。

表 3-4　生鲜农产品冷链断链的后验概率

环　节	序　号	基本事件	后验概率
产地预冷环节	X1	产地没有配套预冷设施	0. 403 000
	X2	冷库建造不合格效果差	0. 333 993
	X3	预冷设施使用成本高	0. 386 438
	X4	农户没有预冷意识、知识缺乏	0. 397 479
	X5	经营农户组织化程度低，小而分散	0. 389 199
	X6	预冷技术相对落后	0. 350 555
	X7	预冷操作细节标准缺失	0. 339 513
仓储环节	X8	冷库管理水平和人员责任感低	0. 378 286
	X9	企业为节省电费，私自中断冷库制冷	0. 424 338
	X10	冷库结构比例不均衡	0. 401 312
	X11	受季节影响出现周期性缺少冷库	0. 450 652
运输环节	X12	标准冷藏运输车成本高	0. 450 387
	X13	冷链运输企业标准执行不到位，改装车监管松散	0. 412 056
	X14	车主为节省耗油中断制冷	0. 405 668
	X15	农产品本身价值不高，货主冷链意愿不强	0. 440 804

续表

环 节	序 号	基本事件	后验概率
配送环节	X16	配送行业恶意竞争压低配送成本	0.348 476
	X17	收货对接效率低下，冷冻产品暴露在常温下过久	0.416 322
	X18	配送批量小批次高，配送路径不够优化	0.370 063
	X19	配送人员缺乏责任感及冷链知识	0.388 567
	X20	外包配送环节货主无法直接管理	0.342 309
零售环节	X21	卖场频繁存取货品，冷柜不能及时关闭	0.596 908
	X22	超市、小型门店等使用的保鲜设备不适宜	0.586 877
消费者环节	X23	消费者对全程冷链不信任	0.488 939
	X24	消费者缺乏冷链知识	0.465 839
	X25	消费者不愿意支付冷链高价格	0.442 740

经由故障树模型转化而来的断链贝叶斯网络图像呈现分散状，但是鉴于生鲜农产品冷链本身是一条由产地预冷、仓储、运输、配送、零售到达消费者的环环相扣、紧密有序的链条，为了更清晰地抓住主要矛盾，降低生鲜农产品冷链断链发生率，对于计算得到的后验概率分环节进行比较分析，得到图 3-4 所示的分析结果，图中加粗的线条组合为最大致因链。生鲜农产品冷链断链的诸多直接诱因中，有些底事件虽然发生的可能性较高，但是在导致冷链破裂的力度上不一定高，因此有必要对冷链系统中故障原因给系统带来的风险影响程度进行计算。选取后验概率值高且概率重要度高的底事件集合，作为生鲜农产品冷链断链问题的首要攻克节点。经过筛选后，选取产地预冷环节中的 X1 和 X4，仓储环节中的 X11，运输环节中的 X12，配送环节中的 X17，零售环节中的 X21，以及消费者环节中的 X23，在不良结果已经发生状态下，出现故障的可能性较高。产地没有配套预冷设施，农户没有预冷意识、知识缺乏，这两者是导致生鲜农产品冷链断链的最大致因源头，而仓储环节受季节影响出现的冷库周期性缺少，运输环节的标准冷藏运输车高成本，配送环节的收货对接效率低下导致的冷冻产品暴露在常温下过久，零售环节的卖场频繁存取货品，

冷柜不能及时关闭，以及消费者对全程冷链不信任等构成致因链上的重要节点。因此，解决生鲜农产品冷链物流断链问题，应对这些因素进行着重考虑。

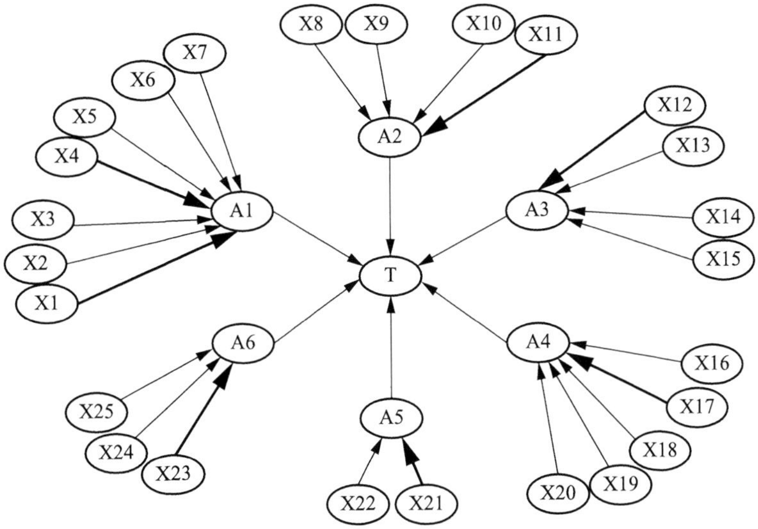

图 3-4　断链贝叶斯网络图像呈现分散状

六、京津冀生鲜农产品冷链物流断链的案例研究

(一) 寿光至北京生鲜农产品链条及断链环节

为了减少农产品流通损失，增加农民收入，就必须加速发展冷链物流，找出冷链物流存在的问题，断链的节点及成因。北京是超大型城市，生鲜农产品需求品类多、消费量大，是冷链物流的终端。山东寿光是全国最大的蔬菜生产和集散基地，拥有比较完备的蔬菜产销链，也是北京市蔬菜的重要生产地之一。因此，本章选择寿光至北京生鲜农产品冷链物流进行研究，找出冷链物流断链的节点及成因。最后从企业、政府、第三方联合的角度提出治理机制来解决冷链物流断链这一难题，为冷链物流的发展提供建议。

1. 寿光至北京生鲜农产品链条

2018 年，北京市批发市场蔬菜上市量 889.2 万吨，主要来自河北和山东，占比分别为 40.5%和 19.9%，其中来自山东的蔬菜，很大一部分来自寿光市，每天从寿光蔬菜批发市场运往北京的蔬菜有 100 多个品种、150 万千克。寿光是我国冬暖式大棚的发源地，被誉为“中国蔬菜之乡”，主要种植冬季反季节蔬菜，蔬菜由农户和园区基地生产，其中农户生产占绝大多数，约占 75%。寿光先后开辟了三条蔬菜运输“绿色通道”，占全国纵向绿色通道的 60%。寿光蔬菜在全国蔬菜中占据了重要地位。同时，寿光是北京最大的蔬菜供应基地之一。因此，选择寿光至北京的生鲜农产品冷链物流断链研究具有代表性、示范性、推广性等现实意义。

寿光蔬菜从生产者至北京最终消费者依次经过农户到寿光农产品物流园、寿光至北京的长途运输、北京批发与零售三个环节，具体如图 3-5 所示。

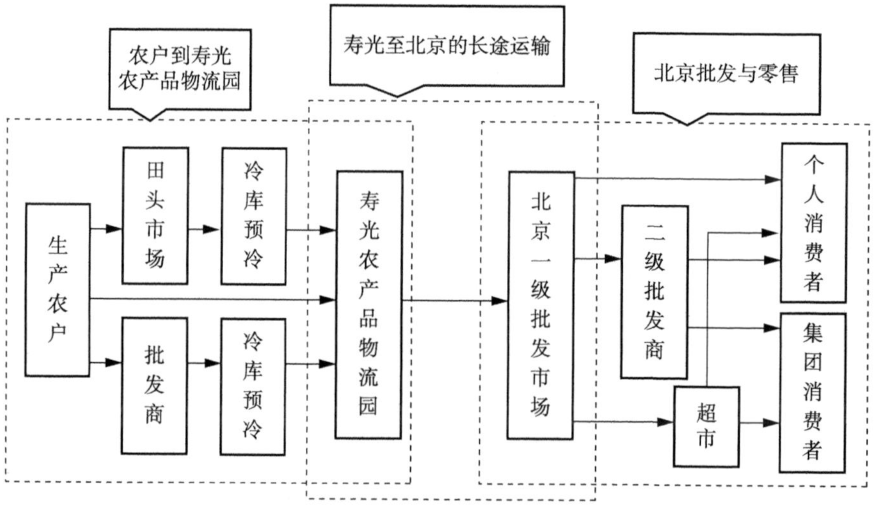

图 3-5 寿光至北京蔬菜流程图

（1）农户到寿光农产品物流园。农户至寿光农产品物流园有三条路线可以选择。第一条路线，农户通过自家的三轮车或者其他运输工具将采摘后的蔬菜直接运往寿光农产品物流园；第二条路线，批发商直接上门采购，在谈妥价格之后由批发商装车运走（这里的装车指的是批发商采购用的小车，而非运往北京的长途运输车），到当地冷库进行预冷后运往寿光农产品物流园；第三条路线，农户将采摘后的蔬菜通过自家三轮车或者其他运输工具运至田头市场，批发商将在田头市场采购的蔬菜运往当地冷库进行预冷，而后运往寿光农产品物流园。

（2）寿光至北京的长途运输。寿光至北京的长途运输主要是由批发商自己组织或外包给第三方物流公司，各占一半左右。寿光至北京的长途运输线路是寿光至北京的绿色通道。所谓的绿色通道是设在收费站的专用通道，对符合要求的农产品车辆给予减免通行费的优惠政策。运输车辆从寿光农产品物流园出发，经物流大道、文圣街、圣城西街到 S323（在 S323 约行驶 12 公里），到长深高速（在长深高速行驶约 23 公里），到荣乌高速（在荣乌高速行驶约 308 公里），到京沪高速（在京沪高速行驶约 100 公里），最后从十八里店桥进入北京城区，依次经过南四环中路、马家楼桥、京开辅路，最终达到新发地蔬菜市场（数据来源于百度地图）。具体运输路线如图 3-6 所示。

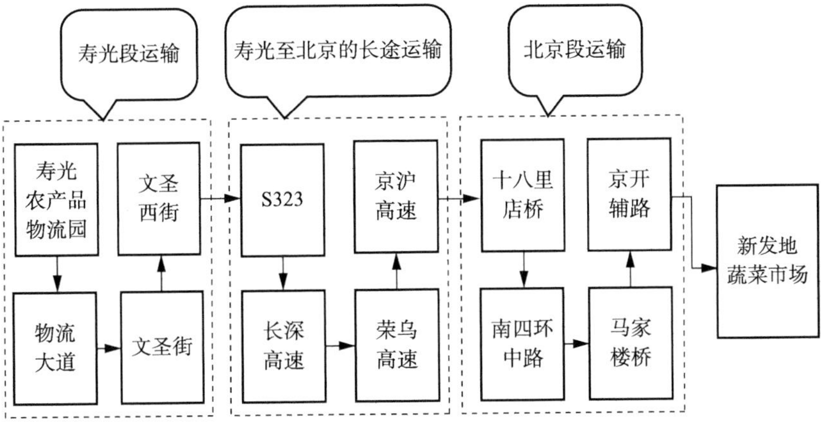

图 3-6　寿光至北京长途运输线路图

（3）北京批发与零售。寿光生鲜农产品到达批发市场之后，下游的客户前来采购，下游的客户包括二级批发商、超市、集团消费者和个人消费者。其中，超市由超市自行组织进行配送，二级批发商通过自有运输工具进行批发，集团消费者和个人消费者既可以直接去批发市场进行采购，也可以直接去农贸市场和超市进行采购。以北京新发地青椒批发为例，只要单笔交易在 6 千克以上就可以出售。

2. 寿光至北京生鲜农产品冷链物流断链环节

本章对寿光至北京生鲜农产品冷链物流流通全过程进行了详细分析，找出了冷链物流断链的节点，并分析了其原因，具体分析结果如图 3-7 所示。

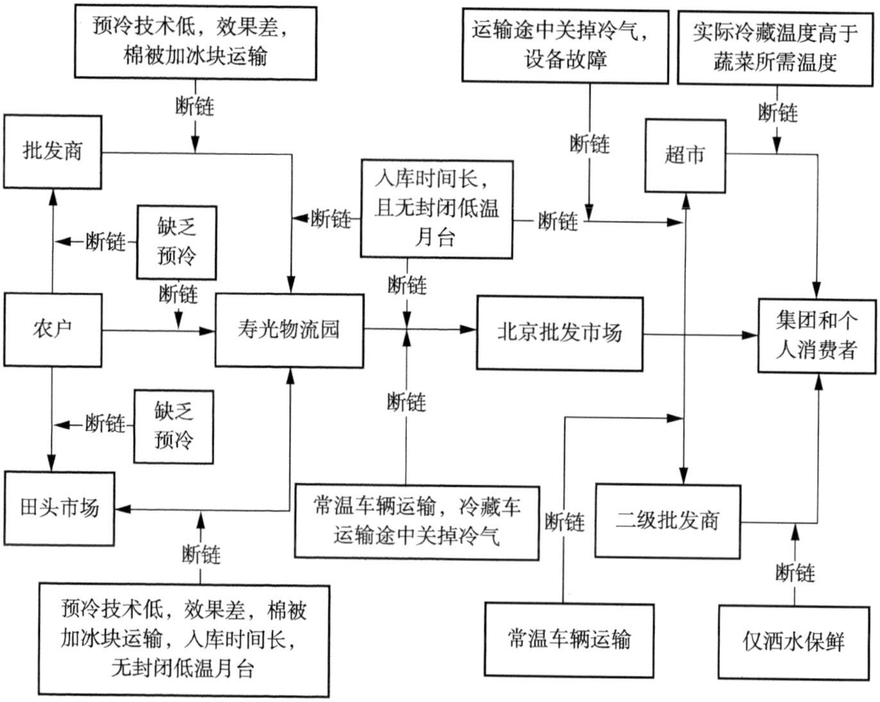

图 3-7 寿光至北京冷链物流断链问题分析

（1）产地环节断链。农户至寿光农产品物流园有三条路线可以选择，分别是农户直接到寿光农产品物流园；批发商上门采购，然后由批发商运往寿光农产品物流园；农户到田头市场，再到寿光农产品物流园。这里，我们重点讨论农户到田头市场，再到寿光农产品物流园这条路线。

①农户到田头市场。农户将采摘后的生鲜农产品，通过自家的三轮车或其他运输工具运往田头市场出售给批发商。资料显示，采摘后的生

鲜农产品须在30分钟内进行预冷处理才能有效地保证生鲜农产品的质量安全。由于农户缺乏预冷意识，采摘后的生鲜农产品直接运往田头市场，生鲜农产品未能及时预冷，造成生鲜农产品质量出现问题，导致冷链断链。

②田头市场到寿光农产品物流园。批发商将田头市场收购的蔬菜通过收购小车运往当地冷库进行预冷，然后运往寿光农产品物流园。由于产地预冷冷库不足且布局不合理，冷库管理水平低，制冷技术与制冷设备落后，且多采用自然预冷或冰预冷方式，预冷效果得不到保障。在运输途中，多采用棉被加冰块的形式，造成生鲜农产品质量损失，导致冷链断链。

（2）运输环节的断链。寿光生鲜农产品通过寿光至北京的绿色通道，从北京的南面进入北京城，而后进入北京各大批发市场。

运输过程中多采用常温运输车辆，冷藏运输车辆不足，除采用常温车辆运输造成冷链断链以外，采用冷藏车运输的因操作不当也会造成冷链断链。在运输过程中，部分企业为了节约成本，无法保证全程冷气供应，只在运输始末两端开冷气，严重损害生鲜农产品质量安全，造成冷链断链。同时，政府监管部门缺乏有效监管。

在销售地进出库环节上，由于自动化与信息化水平低，导致运输信息未能及时传递，致使生鲜农产品入库排队时间长。同时，各种机械设备配合率低，人工作业繁重，导致出库时间长，且无封闭低温月台，致使生鲜农产品长时间暴露在常温下，造成生鲜农产品质量损失，导致冷链断链。

（3）批发环节的断链。2018年北京市有市级批发市场1个，区级批发市场15个，社区菜市场615个。寿光生鲜农产品到达北京批发市场后，下游客户前来批发，下游客户主要是二级批发商、超市、集团消费者和个人消费者。

二级批发商主要通过自有运输工具进行批发采购。从批发市场运往农贸市场摊位过程中，缺乏有效的冷藏措施，导致冷链断链。超市主要通过超市配送组织进行配送，配送途中，由于设备故障或交通堵塞等原因造成冷链断链。此外，部分配送组织在配送途中，为了节约成本而关掉冷气，造成冷链断链。另外，在超市入库环节中，因排队入库时间长，且无封闭低温月台，造成冷链断链。

（4）零售环节的断链。生鲜农产品零售环节主要在农贸市场和超市进行。在零售环节中，二级批发商在农贸市场摊位售卖蔬菜，仅以洒水的方式进行保鲜，导致蔬菜损失率高，致使冷链断链。超市在敞开式冰柜或冷藏冷冻柜里销售生鲜农产品，但生鲜农产品实际冷藏温度远高于生鲜农产品所需冷藏温度，致使冷链断链。

（二）张家口至北京生鲜农产品链条及断链环节

1. 张家口至北京生鲜农产品链条

京津冀一体化深入推进，2018 年，北京市批发市场蔬菜上市量 889. 2 万吨，来自河北占比为 40. 5%。张家口是河北蔬菜产业的重要基地。蔬菜产业是张家口市农业重要的支柱产业，常年种植面积达 150 万亩，年产量达 600 多万吨，设施蔬菜面积达 14 万亩；市级以上龙头企业 35 家，加工龙头企业 22 家，年加工能力达 80 多万吨，蔬菜专业合作社达 750 家，年总产值达 110 亿元。张家口蔬菜上市较晚，坝下地区从 6 月开始，坝上地区从 7 月中旬开始，7、8、9 三个月，在庞大的北京市场上，张家口蔬菜占有 40%以上的份额，年销往北京的蔬菜达 240 万吨以上，是北京蔬菜市场供应的重要基地。

张家口蔬菜从张家口生产者至北京最终消费者主要有三种模式：一种是依次经过农户到新合作农产品物流园、张家口至北京的长途运输、北京批发与零售三个环节（图 3-8）；一种是农超对接，由北京市超市发、京客隆等超市直接到张家口的基地采购；还有一种是通过电商的供应链模式。

（1）农户到新合作农产品物流园。农户至新合作农产品物流园有四条路线可以选择。第一条路线，农户通过自家的三轮车或者其他运输工具将采摘后的蔬菜直接运往新合作农产品物流园；第二条路线，批发商直接上门采

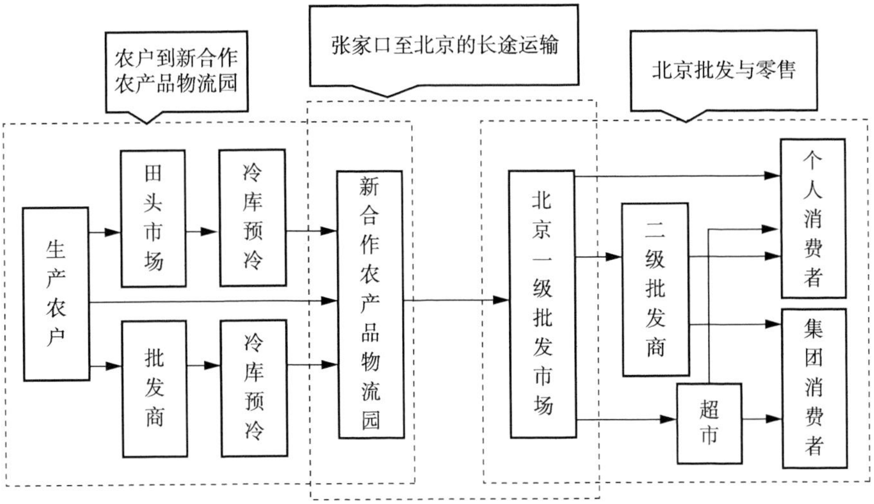

图 3-8　张家口至北京蔬菜流程图

购，在谈妥价格之后由批发商装车运走（这里的装车指的是批发商采购用的小车，而非运往北京的长途运输车），到当地冷库进行预冷后运往新合作农产品物流园；第三条路线，农户将采摘后的蔬菜通过自家三轮车或者其他运输工具运至田头市场，批发商将在田头市场采购的蔬菜运往当地冷库进行预冷，而后运往物流园；第四条路线是超市或者电商企业直接在产地集采，然后运输到北京市场销售。

（2）张家口至北京的长途运输。张家口至北京的长途运输主要是由批发商自己组织或外包给第三方物流公司，各占一半左右。张家口至北京的长途运输线路是张家口至北京的绿色通道。所谓的绿色通道是设在收费站的专用通道，对符合要求的农产品车辆给予减免通行费的优惠政策。运输车辆从张家口新合作农产品物流园出发，经张承高速、京藏高速、京开高速最终达到新发地蔬菜市场。

（3）北京批发与零售。张家口生鲜农产品到达批发市场之后，下游的客户前来采购，下游的客户包括二级批发商、超市、集团消费者和个人消费者。其中，超市由超市配送组织进行配送，二级批发商通过自有运输工具进行批发，集团消费者和个人消费者既可以直接去批发市场进行采购，也可以直接去农贸市场和超市进行采购。也有北京的超市、电商等企业直接从张家口采购农产品。

2. 张家口至北京生鲜农产品冷链物流断链环节

本章对张家口至北京生鲜农产品冷链物流流通全过程进行了详细的分析，找出了冷链物流断链的节点，并分析了其原因，具体分析结果如图 3-9 所示。

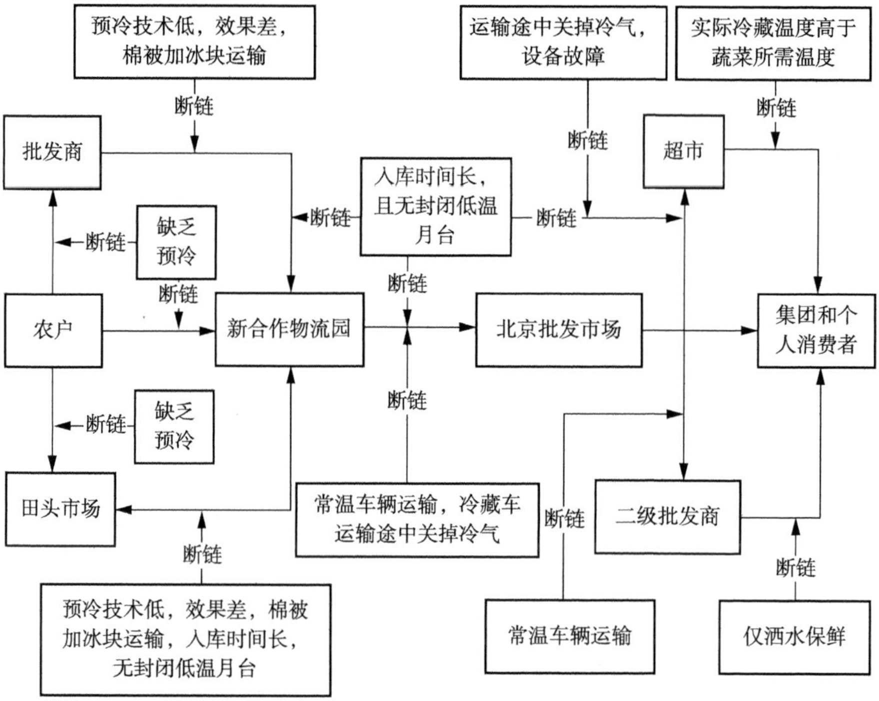

图 3-9 张家口至北京冷链物流断链问题分析

（1）产地环节断链。农户至张家口农产品物流园有三条路线可以选择，分别是农户直接到张家口新合作农产品物流园；批发商上门采购，然后由批发商运往张家口新合作农产品物流园；农户到田头市场，再到张家口新合作农产品物流园。这里，我们重点讨论农户到田头市场，再到张家口新合作农产品物流园这条路线。

①农户到田头市场。农户将采摘后的生鲜农产品，通过自家的三轮车

或其他运输工具运往田头市场出售给批发商。资料显示，采摘后的生鲜农产品须在 30 分钟内进行预冷处理才能有效地保证生鲜农产品的质量安全。由于农户缺乏预冷意识，采摘后的生鲜农产品直接运往田头市场，生鲜农产品未能及时预冷，造成生鲜农产品质量受到影响，导致冷链断链。

②田头市场到张家口新合作农产品物流园。批发商将田头市场收购的蔬菜通过收购车运往当地冷库进行预冷，然后运往张家口新合作农产品物流园。由于产地预冷冷库不足且布局不合理，冷库管理水平低，制冷技术与制冷设备落后，且多采用自然预冷或冰预冷方式，预冷效果得不到保障。在运输途中，多采用棉被加冰块的形式，造成生鲜农产品质量损失，导致冷链断链。

（2）运输环节的断链。张家口生鲜农产品通过张家口至北京的绿色通道，从北京的南面进入北京城，而后进入北京各大批发市场。

运输过程中多采用常温运输车辆，冷藏运输车辆不足，除采用常温车辆运输造成冷链断链以外，采用冷藏车运输也会造成冷链断链。在运输过程中，部分企业为了节约成本，无法保证全程冷气供应，只在运输始末两端开冷气，严重损害生鲜农产品质量安全，造成冷链断链。同时，政府监管部门缺乏有效监管。例如，在高速公路上，高速公路路政主要查处冷藏车是否超载，对冷藏车是否按照标准操作并没有查处。

在销售地进出库环节上，由于自动化与信息化水平低，导致运输信息未能及时传递，致使生鲜农产品入库排队时间长。同时，各种机械设备配合率低，人工作业繁重，导致入库时间长，且无封闭低温月台，致使生鲜农产品长时间暴露在常温下，造成生鲜农产品质量损失，导致冷链断链。

（3）批发环节的断链。张家口生鲜农产品到达北京批发市场后，下游客户前来批发，下游客户主要是二级批发商、超市、集团消费者和个人消费者。二级批发商主要通过自有运输工具进行批发采购。从批发市场运往农贸市场摊位过程中，缺乏有效的冷藏措施，导致冷链断链。超市主要通过超市配送组织进行配送。配送途中，由于设备故障或交通堵塞等原因造成冷链断链。此外，部分配送组织在配送途中，为了节约成本而关掉冷气，造成冷链断链。另外，在超市入库环节中，因排队入库时间长，且无封闭低温月台，造成冷链断链。

（4）零售环节的断链。生鲜农产品零售环节主要在农贸市场和超市进行。在零售环节中，二级批发商在农贸市场摊位售卖蔬菜，仅以洒水的方式进行保鲜，导致蔬菜损失率高，致使冷链断链。超市在敞开式冰柜或冷藏冷冻柜里销售生鲜农产品，但生鲜农产品实际冷藏温度远高于生鲜农产品所需冷藏温度，致使冷链断链。

（三）天津至北京生鲜水产品流通链条及断链环节

2012—2016 年，天津市水产品生产总量基本稳定在 32 万吨左右，主要供往河北和北京，其中北京市的水产品大部分来源于天津市。天津港是中国北方最大港口，天津市依仗天津港和自贸区优势，可以源源不断地为北京市提供鲜活的水产品。近年来，天津人均 GDP 连续位居全国首位，居民消费水平不断提升，冷链需求持续增加，带动冷链物流规模扩大。截至 2017 年底，冷链物流总产值达 35 亿元，冷链流通率达到 40%；冷库容量达 140 万吨，万吨级以上冷库 34 座，拟规划建设的冷库 11 座，库容规模约 29 万吨；在建冷库 6 座，建筑面积 12.7 万平方米，库容 14 万吨；天津市冷库容量紧随江苏、山东、上海、广东，位居全国第五，万吨级以上大型库占 86%，人均冷库保有量达到 905 千克，位居全国第二。有如此强大的冷链运输条件的支撑，才使得从天津至北京的生鲜水产品流通起来。

从天津到北京水产品流通主要分为四个阶段。第一阶段是将生产出来的水产品从生鲜产品供应地以冷藏运输的方式运送至工厂。第二阶段是在工厂生产经过预冷、速冻、冷藏、加工等工序后，通过冷藏车送往物流中心冷库。第三阶段是经由物流中心冷库配货、冷藏、速冻后，经过冷藏运输的方式送往分销商冷库。第四阶段是分销商冷库通过分拣、配货、冷藏、速冻等方式由冷藏车送至大型商超、批发市场。最后由消费者购买，总体的过程梳理如图 3-10 所示。

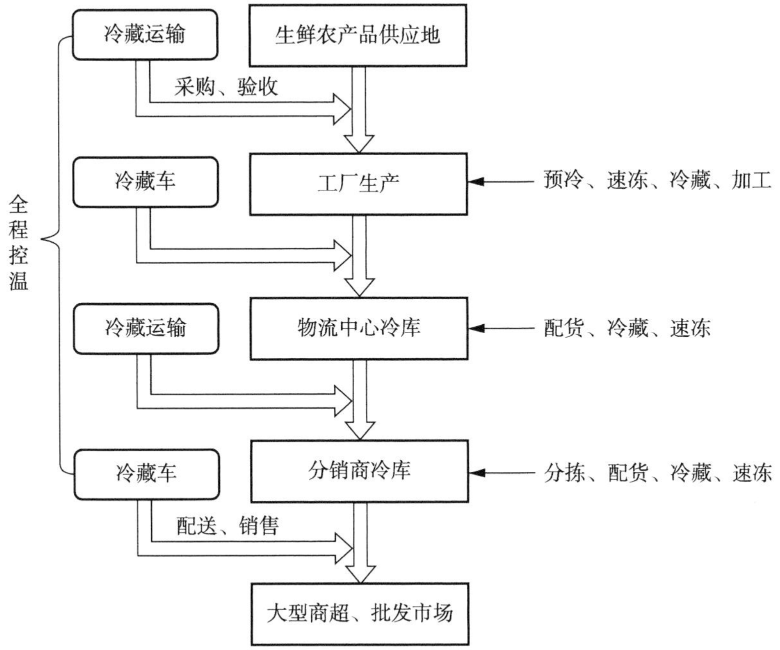

图 3-10　天津至北京冷链物流环节

水产品具有易腐性，无论是活体运输还是冷藏品运输，都对生鲜水产品冷链物流提出了非常高的要求，本章对天津至北京生鲜水产品冷链物流流通全过程进行了详细分析，找出了冷链物流断链的节点，并分析了其原因，具体分析结果如图 3-11 所示。

（1）供应地环节断链。天津冷链物流优势足、潜力大、基础好，但仍然存在一些亟待改善的问题。一是冷库总量尚有缺口，结构布局有待改善。二是大多为冷藏、冷冻型仓库，而流通型的保鲜仓库较少，一些比较薄弱的地区尚难以满足居民的基本需求。

渔民通过自己出海捕鱼，或者水产公司规模化捕鱼后，除去渔民自发去当地批发市场摆摊售卖以外，通常会直接送到生鲜农产品供应地，在这一环节出现的断链问题往往是因为缺乏预冷。由于生鲜水产品非常依赖新鲜度，有些水产品生存对环境的要求较高，所以这一环节易出现断链问题。渔民没有专用冷库和冷藏车，只能依赖自己现有的条件进行储存和运

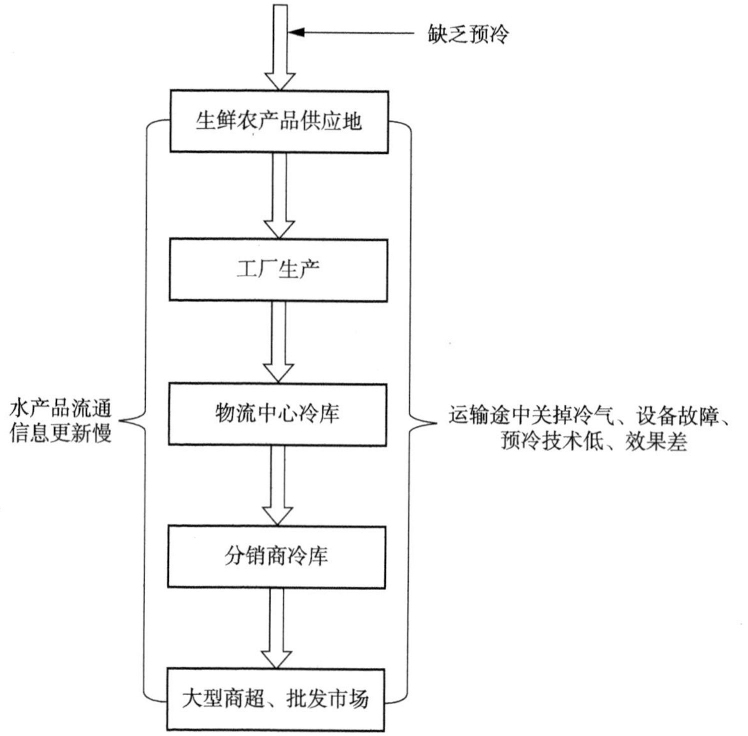

图 3-11　天津至北京冷链物流环节

输，很难实现冷库预冷，所以几乎不可能实现全程冷链运输和冷藏储存，容易造成断链。

（2）运输环节的断链。运输过程中冷藏运输车辆不足，采用冷藏车运输会造成冷链断链。在运输过程中，部分企业为了节约成本，无法保证全程冷气供应，只在运输始末两端开冷气，严重损害生鲜水产品质量安全，造成冷链断链。同时，政府监管部门缺乏有效监管。例如，在高速公路上，高速公路路政主要查处冷藏车是否超载，对冷藏车是否按照标准操作并没有查处。

在销售地进出库环节上，由于自动化与信息化水平低，导致运输信息未能及时传递，致使生鲜水产品入库排队时间长。同时，各种机械设备配合率低，人工作业繁重，导致出库时间长、设备故障等断链问题。

我国流通水产品信息体系建设仍然滞后，水产品市场信息的搜集和交流覆盖面小，加之信息传递手段落后，交换周期过长，影响了市场信息的时效性和准确性，从而造成了水产品冷链物流断链。

（3）批发环节的断链。天津水产品到达北京批发市场后，下游客户前来批发，下游客户主要是二级批发商、超市、集团消费者和个人消费者。二级批发商主要通过自有运输工具进行批发采购。从批发市场运往农贸市场摊位过程中，缺乏有效的冷藏措施，导致冷链断链。超市主要通过超市配送组织进行配送。配送途中，由于设备故障或交通堵塞等原因造成冷链断链。此外，部分配送组织在配送途中，为了节约成本而关掉冷气，造成冷链断链。另外，在超市入库环节中，因排队入库时间长，且无封闭低温月台，造成冷链断链。

（4）零售环节的断链。水产品零售环节主要在农贸市场和超市进行。在零售环节中，二级批发商在农贸市场摊位售卖水产，缺乏保鲜的设施设备，致使冷链断链。超市在敞开式冰柜或冷藏冷冻柜里销售水产品，但水产品实际冷藏温度远高于所需冷藏温度，致使冷链断链。

从山东寿光、河北张家口、天津等农产品到北京的流通链条可以看出，产地和批发零售的配送环节是冷链物流断链的关键环节。农产品预冷作为生鲜农产品冷链的第一个“一公里”，在农产品采收后应立即实施，目的在于迅速去除田间热，降低农产品的呼吸强度，减轻后续冷藏的制冷负担，提升农产品的运输半径和货架期。预冷是运输、贮藏或加工前必不可少的环节。在围绕京津两个超大型城市新需求、新消费导向的基础下，对于河北开展菜篮子工程建设，首先要注重第一个“一公里”即产地预冷。对于北京、天津而言，生鲜运输与配送政策需要更多关注细节和落实性。生鲜农产品运输绿色通道免收高速费，但需要开箱检验，可以考虑以信息化替代手工化，避免破坏鲜活农产品恒温低温的运输环境。配送环节对于城市冷藏运输车辆的通行和停靠的完善和优化需要更具体的落地办法。

补贴政策应覆盖全面且细致。对不同的情况进行区别性补贴，应覆盖冷库建设、农产品产地低温集配中心建设、冷链运输车辆购置、冷链物流全程监控与追溯系统建设、冷链物流标准化体系及信息化建设等各个环节。在当下行业发展都需要注重生态环保的基调下，随着国六标准的推行，生鲜农产品货运车辆的新能源化趋势将更加明显，可适当加强对于新能源货运车辆的补贴以引导低碳环保。

七、结论与建议

（一）结论

断链会使得整个冷链物流功亏一篑，影响食品安全，造成食物损耗，进而影响农民收入和整个农业产业链。通过政府—市场—社会协同治理，可以进一步优化中国冷链物流的三方合作。在体制机制上，政府、市场和社会有效合作，是国际上冷链物流发展的重要经验之一。需要对京津冀地区的“三只手”（政府——看得见的手，市场——看不见的手，社会——作为机体的第三只手）的有效合作进行经验分析以刻画其运行机制。政府、市场和社会三方在冷链物流中的合作机制如图 3-12 所示。作为市场，首先要建立京津冀统一的农产品冷链物流市场。发挥信息收集、整理、分享的核心功能，通过价格信号有效配置冷链物流发展过程中所需要的各类资源，推进冷链物流全过程不断链。作为社会，京津冀地区社会组织应该发挥组织的活力，通过社会自我管理机制，有效组织生产者和消费者的合作，让全程冷链价值反馈的效率更高。作为政府，农产品流通涉及农业、工商、商务、市场监督、交通等多个部门，只有真正跨越部门分割，系统地考察问题，才能得到有价值的结论。京津冀地区要根据京津冀一体化发展的定位来分工。在环节方面，河北在产地、仓储环节由于投资大，回收期长，利润率不高，可能导致投资不足，特别是产地预冷环节，也具有公益性，因此需要政府主导、市场配合、社会参与。河北省政府通过在土地、政策等方面予以扶持，京津可以在资金方面予以支持。市场主体配合，保证产地预冷仓储环节不断链，第三方协会等社会组织则负责标准制定、监督等职能。运输、配送、零售环节的市场化程度高，企业数量多，形成了较为规范的市场体系，需要市场主导、政府配合、社会参与。市场充分发挥决定性作用，政府发挥监管、引导作用。在消费者环节，由于消费者冷链意识较为薄弱，因此，需要社会主导，充分发挥社会组织、新闻媒体的宣传作用，增强消费者冷链物流意识，同时市场配合，增加冷链物流追溯体系投入，政府则积极引导支持。尤其是北京、天津等要引导消费者对冷链物流的认知。河北则要制订产地预冷指导方案，促进预冷技术的合理应用。

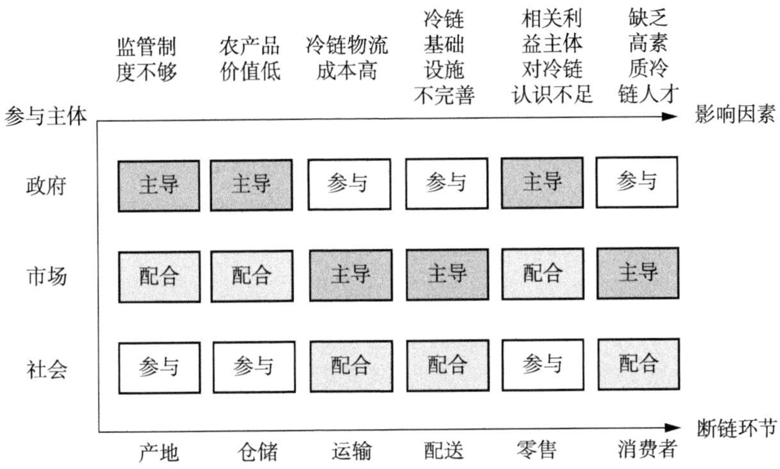

图 3-12　政府、市场和社会在冷链物流过程中的有效合作

（二）政策建议

1. 从市场角度出发

一是加强冷链物流营运企业的协调和整合，建立京津冀生鲜农产品冷链物流集团，缩短断链时间。从目前我国的发展现状看，较好的办法之一是减少送货企业的数量，缩短等待时间。减少送货企业数量，就要求对现有的冷链物流营运企业的资源进行整合，建立生鲜农产品冷链物流联盟。这样不仅可以使行业内各家企业的冷链物流设施通过共享得到最大限度的利用，同时可以形成覆盖面积更广、物流能力更强的冷链物流网络，还可以大大缩减生鲜农产品的物流环节数量。由冷链物流行业协会主导，商务部、交通运输部、农业农村部进行支持，建立相关企业联盟。首先，支持农产品冷链物流企业建立标准联盟，建立产地预冷标准、冷藏运输标准、经营管理标准等；其次，支持农产品冷链物流企业建立供应商联盟，确保农产品运输得到持续供应；最后，支持农产品冷链物流企业建立冷链技术研发联盟，不断提高企业冷链技术水平。农产品冷链物流企业进行联盟，可以提升整个冷链物流行业的发展水平，以达到全程冷链。

二是完善冷链物流基础设施，建立京津冀冷链物流公共信息平台。加大对冷链设备特别是冷冻冷藏仓库和车辆的投资，为食品提供全程低温的保障。提高信息技术水平，加强货源信息的获取，达到需求和供给的完美结合，做好统一配送和全程冷链。此外，通过新兴的物联网、RFID 温度标签等相关技术实现物品位置跟踪、原料溯源、库存盘点、出入库与拣货等电子化作业，特别是对物流全过程进行温度、湿度监控，建立起一套先进的信息化共享平台，更好地追踪全程冷链。

2. 从京津冀三地政府角度出发

一是强化京津冀三地在冷链物流基础设施方面的合作。对于河北的小散农户，推行临时共享性质的移动冷库，引进第三方企业的租赁冷库服务。北京和天津主要面对城市土地规划、土地坪效和冷库量之间的矛盾。以北京为例，对于五环内的老旧冷库合理拆迁或是改造升级，确保分拣区有制冷系统、车辆对接有密封装置、冷库有温度缓冲区等。京津冀三地合作推动共建共享，在天津滨海新区、河北张家口、廊坊和保定等地建设和改造一批主要服务北京市场的产地预冷物流节点。例如，保定、高碑店、新发地农副产品物流园等保障首都供应的重要基地，归入重点项目库并确保其与农业生产基地、合作社间直通工程建设。

二是加强法律法规和标准的协调性和一致性。正是因为缺乏相关法律法规的约束，使得企业违规操作的法律成本非常低，导致大部分冷链物流企业在恶性竞争下违规操作，以降低成本获取利益。冷链物流行业协会及地方政府应进一步规范冷链市场秩序，加强冷链物流服务市场的管理，实施相应制度，例如准入制度的实施，主要对冷链供应商的资金情况、设施规模等方面进行考核；规范市场结构，减少无效企业的进入，去除市场中的恶意竞争，营造一个公平公正的营商环境。从政策和标准方面着眼，既要明确出台政策禁止改装二手集装箱，也要补贴和鼓励购买正规冷藏车。只有政府及各个监管部门加强引导，制定出相关标准，规范行业发展，严格市场准入机制，引入市场竞争机制，保证全程有效的监管，才能有效解决冷链断链问题。

3. 从社会组织作用出发

一是开展京津冀冷链物流万里行活动。在生鲜农产品冷链物流断链的问题上，提升利益相关者对冷链物流的认知，能从根本上解决断链问题，达到降低损耗、降低隐性浪费的目的。要提升生鲜农产品冷链物流利益相关者的认知，可从三方面入手：首先，从中央媒体到地方媒体，对我国生鲜农产品冷链物流发展进行周期性跟踪报道。中央财经频道的《冷链的冷遇》和《断链的冷链》就是很好的普及性报道，中央农业频道和地方频道也是很好的普及频道。其次，政府和企事业单位多牵头或主办与冷链物流行业相关的会议，搭建各生鲜农产品冷链物流利益相关者的认知平台。最后，以生鲜农产品冷链物流龙头企业为引领，大力宣传和推广生鲜农产品品牌，通过品牌广告、宣传资料以及相关工作人员的讲解，让消费者认知到冷链物流对生鲜农产品品质的保证和促进作用，在一定程度上推动生鲜农产品冷链物流的健康发展。

二是加快引进、培养高素质冷链物流人才。在人才培养方面，应该大力培养冷链物流方面高素质专业化的人才，特别是管理、咨询以及策划方面的人才，加强企业内部员工的知识、信息技术的培训。加强专业人才引进战略，实现技术突破。受产品特性的影响，生鲜农产品电商冷链物流人才属于复合型人才（如技术人才、管理人才），在储备知识方面具有综合性，例如需掌握生物知识、化学知识、物理知识、管理知识等。冷链物流企业应多举办企业兼并整合、公司资本运营等培训学习，提高员工的综合素质，培养新型、全方位发展的冷链物流企业管理人才，促进冷链物流行业的科学管理。

参考文献

[1] 宋则．“十三五”期间促进我国现代物流业健康发展的若干要点［J］．财贸经济，2015（07）：5-14.
[2] 黄季，马恒运，罗泽尔．中国的扶贫问题和政策［J］．改革，1998（04）：72-83.
[3] 万宝瑞．加快提高我国农业竞争力的思考［J］．农业经济问题，2016，37（04）：4-8.
[4] 张雯丽，沈贵银，曹慧，等．“十三五”时期我国重要农产品消费趋势、影响与对策［J］．农业经济问题，2016，37（03）：11-17+110.
[5] 温铁军，邱建生，车海生．改革开放40年“三农”问题的演进与乡村振兴战略的提出［J］．理论探讨，2018（05）：5-10.
[6] 夏英．农村产业融合发展的路径和对策分析［J］．黑龙江粮食，2017（04）：32-33.
[7] 丁声俊．创新一个模式 改变一个产业——对湖北“虾稻共作”新模式的调研与思考［J］．黑龙江粮食，2017（06）：6-8.
[8] 孔祥智．中国农民合作经济组织的发展与创新（1978—2018）［J］．南京农业大学学报（社会科学版），2018，18（06）：1-10+157.
[9] 陈玛琳，陈俊红，龚晶，等．京冀蔬菜均衡供应分析及对策建议［J］．北方园艺，2018（06）：154-160.
[10] 王淑云，姜樱梅，牟进进．基于新鲜度的冷链一体化库存与定价联合决策［J］．中国管理科学，2018，26（07）：132-141.
[11] 丁秋雷，姜洋，王文娟，等．鲜活农产品冷链物流配送的干扰管理模型研究［J］．系统工程理论与实践，2017，37（09）：2320-2330.
[12] 陈镜羽，黄辉．我国生鲜农产品电子商务冷链物流现状与发展研究［J］．科技管理研究，2015，35（06）：179-183.
[13] 洪涛．2018年中国粮食电子商务发展报告［J］．粮食科技与经济，

2018，43（12）：5-7.

[14] 车卉淳，张旭凤．京津冀协同发展背景下“冀菜进京”供应链体系优化研究［J］．商业经济研究，2019（21）：152-155.

[15] 陈玛琳，陈俊红，龚晶，等．京冀蔬菜均衡供应分析及对策建议［J］．北方园艺，2018（06）：154-160.

[16] 杜鹰．小农生产与农业现代化［J］．中国农村经济，2018（10）：2-6.

[17] 周应恒，刘余．中国农业发展大趋势与新三农发展路径［J］．现代经济探讨，2017（04）：32-37.

[18] 黄宗智．怎样推进中国农产品纵向一体化物流的发展？——美国、中国和“东亚模式”的比较［J］．开放时代，2018（01）：151-165+7-8.

[19] 丁俊发．新时期中国消费的机遇与挑战［J］．商业经济研究，2018（11）：2.

[20] 王永康．我国农产品物流现状及其冷链发展对策［J］．改革与战略，2011，27（09）：93-95.

[21] 杨路明，马小雅．生鲜农产品冷链物流断链成因及规避路径研究［J］．青海社会科学，2015（06）：66-70，82.

[22] 凌建刚．浙江鲜活农产品产地预冷发展现状与对策［J］．农业工程技术（农产品加工业），2014（04）：27-30.

[23] 陈晓旭．有效甄别高质量农产品的系统设计与实现［D］．大庆：黑龙江八一农垦大学，2014.

[24] 张筱梅．《关于加快发展冷链物流保障食品安全促进消费升级的实施意见》出台冷链物流提速发展中［J］．专用汽车，2017（09）：43-44.

[25] 杨文艺．零售终端的冷鲜肉库存优化策略研究［D］．北京：北京交通大学，2015.

[26] 杜鹰．农业供给侧改革要激活农业新动能［J］．环境经济，2018（15）：54-57.

[27] 李霖，郭红东．小农户集体行动研究文献综述——基于市场准入视角[J]．中国农村观察，2014（06）：82-91，96.

[28] 赖小珍．探究冷链物流“断链”原因及解决对策［J］．中国市场，2013（30）：17-18.

[29] 夏雨晴，刘学林．生鲜农产品电商冷链物流断链成因分析与应对策略研究［J］．物流工程与管理，2018，40（12）：96-98+59.

[30] 汪晔．生鲜农产品冷链物流发展研究［J］．赤峰学院学报：自然科学版，2013，29（01）：75-76.

[31] 毋庆刚．我国冷链物流发展现状与对策研究［J］．中国流通经济，2011，25（02）：24-28.

[32] 胡建淼．我国生鲜农产品冷链物流发展存在的问题与对策［J］．改革与战略，2017，33（05）：82-84，93.

[33] 张建奎．物联网技术在农产品冷链物流平台上的运用分析［J］．中国市场，2017（32）：137-138.

[34] 丁俊发．农产品物流与冷链物流的价值取向［J］．中国流通经济，2010，24（01）：26-28.

[35] 李昌兵，汪尔晶，袁嘉彬．物联网环境下生鲜农产品物流配送路径优化研究［J］．商业研究，2017（04）：1-9.

[36] 袁学国，邹平，朱军，等．我国冷链物流业发展态势、问题与对策［J］．中国农业科技导报，2015，17（01）：7-14.

本章作者：张喜才　霍　迪

第四章

京津冀物流企业高质量发展评价

党的十九大报告指出，我国经济已由高速增长阶段转向高质量发展阶段，正处在转变发展方式、优化经济结构、转换增长动力的攻关期。全面贯彻落实党的十九大报告精神，从根本上促进京津冀物流企业改革，推进京津冀物流企业高质量发展，是当前亟待解决的重要问题。物流高质量发展对我国经济高质量发展起着重要的推动作用。物流高质量发展归根结底需要通过物流企业高质量发展予以实现。京津冀物流企业作为京津冀地区物流发展的重要主体，要实现更高质量、更高效率、更可持续的发展，就必须善于把握大局，积极开展变革，明确高质量发展评价标准，使之成为引领企业发展的重要支点。因此，进行京津冀物流企业高质量发展评价研究，明确京津冀物流企业高质量发展的目标方向、制定科学发展的战略和政策，对京津冀物流企业高质量发展具有重大意义。

本章在总结企业发展评价体系和物流企业高质量发展相关的国内外研究现状的基础上，明确了京津冀物流企业高质量发展内涵，分析了京津冀物流企业高质量发展影响因素，结合实地考察和专家问卷法构建了京津冀物流企业高质量发展评价体系。本章选取了100家京津冀物流企业作为样本，通过京津冀高质量发展评价体系得到高质量发展评分，从高质量发展指标总结分析出京津冀物流企业整体上处于中等质量发展阶段；通过综合质效、过程能力和资源能力三大指标分析出当前京津冀物流企业发展短板，从强化政府职能、充分发挥物流行业协会作用、强化资源有效配置等方面提出促进京津冀物流企业高质量发展的对策与建议。

一、序言

为进一步推进物流高质量发展，2019年3月1日国家发展改革委等24个部门和单位联合印发《关于推动物流高质量发展促进形成强大国内市场的意见》（发改经贸〔2019〕352号），从构建高质量物流基础设施网络体系，提升高质量物流服务实体经济能力，增强物流高质量发展的内生动力，完善促进物流高质量发展的营商环境，建立物流高质量发展的配套支撑体系，健全物流高质量发展的政策保障体系等方面提出了创新举措。当前我国物流企业总体运行平稳，物流需求持续增长，物流运行质量稳步提升，结构调整趋于优化，消费成为物流企业需求增长的重要推动力，资本和科技助推物流企业提质增效、做大做强，涌现出了一批综合实力强、引领行业发展的标杆型物流企业。但与此同时，我国物流企业运行质量和效率不高、服务供给能力不强、基础设施联通不够、创新能力不足等问题仍然存在，发展不平衡、不充分的矛盾仍然突出，体制政策环境仍然有待进一步改善，因此，转变物流企业发展方式、优化经济结构、转换增长动力，促进物流企业高质量发展较以往任何时候都显得更加迫切和重要。

京津冀协同发展和雄安新区建设是当前中国社会经济发展中的重大历史性战略，政府出台相应政策大力扶持，“政策红利”将对京津冀物流企业发展产生重大影响。京津冀物流企业是京津冀物流高质量发展的主要承担者，其高质量发展水平影响着京津冀物流的整体发展。当前，京津冀物流企业还存在着诸多短板，如运营成本高、效率低、市场化程度低、创新服务不足等问题。这些问题表明，京津冀物流企业的发展尚未进入“优质快车道”，企业如何高质量发展，发展的方向与战略选择等现实问题迫切需要解决。京津冀物流企业高质量发展评价指标体系可以客观反映京津冀物流企业发展状况，为京津冀物流企业高质量发展提供指导。建立京津冀物流企业高质量发展评价指标体系既是促进京津冀物流企业改革与发展的迫切要求，也是国家推动物流高质量发展的战略要求。

二、文献综述

为全面了解当前国内外相关研究现状，本章主要对企业发展评价指标体系和物流企业高质量发展等相关文献进行了整理。在国外研究方面，通过 EBSCO 对文献进行检索，发现有关“高质量发展”的文献较少，且主要集中在对企业发展评价指标体系的研究；在国内研究方面，借助“中国知网”对文献进行检索，通过搜索关键词“企业发展评价”“物流企业高质量发展”等，对相关文献进行了梳理，旨在更好地为研究提供思路和借鉴意义。

（一）企业发展评价体系

本章梳理了 2018 年 1 月 1 日至 2019 年 12 月 23 日 CNKI 及数据库 EBSCO 有关企业发展评价指标体系的研究。

杨波[1]通过对国有企业改革发展质量评价指标体系的研究文献进行对比分析，梳理出国有企业高质量发展评价指标体系中存在的不足和问题，在此基础上从定量和定性两个方面重构国有企业高质量发展评价指标体系。其中，定量指标体系反映国有企业经济效应，涵盖效益效率、自主创新、转型发展、开放发展、风险管控、节能环保、特色创新 7 方面 34 个指标；定性指标体系反映国有企业社会效应及自身承担的国家特殊职能，涵盖 2 方面 7 个指标。罗佐县、邓程程等[2]从油气产供储销体系建立及企业发展两个维度出发，构建了 35 个油气行业高质量发展指标，形成了完整的发展评价体系。结合中国油气行业发展现状，该研究认为当前中国油气产供储销体系中“安全可靠”“经济高效”程度均有待提高，“清洁低碳”

程度已得到较大改善；行业发展模式中国际化、市场化水平正在提高，但科技化程度及行业管理体系完善程度仍有待加强。刘谷金[3]为更好地评价中小企业发展水平，设计了基于自由现金流量的中小企业盈利水平、营运水平、偿债水平、积累水平的财务评价指标体系和基于企业核心竞争力的中小企业核心层、制度层、产品层、关系层等非财务评价指标体系。邢文杰、张德超[4]认为科学地构建欠发达地区小微企业发展评价指标体系具有十分重要的现实及理论意义，并从企业发展信誉、企业发展效率、企业发展效益、企业发展潜力和企业发展质量这五个维度出发，构建欠发达地区小微企业发展评价指标体系。刘明敏、苏柳柳[5]为了衡量中小企业集群能否持续发展，遵循科学性与实用性相统一、全面性与系统性相结合、稳定性与动态性相协调的原则，建立了由集群规模、发展环境、创新能力、市场竞争四个一级指标组成的中小企业集群发展潜力评价指标体系。刘志国[6]认为对企业发展进行科学的评价，对内可以为企业制定可持续发展战略提供科学的依据，对外可以为政府和投资者提供正确的投资导向。在回顾相关文献的基础上，重新界定企业发展潜力的概念，并从外部环境、企业资源实力、企业经营能力和企业文化素质四个大方面构建企业发展潜力的评价指标体系。Zotova AS[7]运用系统方法识别了企业发展的优先因素，研究结果对企业发展的有效性评估、确定优先发展因素以及提高企业价值起到了一定的作用。

高波、秦学成[8]运用因子分析法建立中小企业的可持续发展评价体系，通过建立量化的行业差异折算系数来揭示各个行业的企业在可持续发展能力方面存在的差异，并建立了剔除行业差异后的企业可持续发展评价指标体系，提出提升中小企业可持续发展能力的建议。叶堂林、卢燕等[9]采用企业大数据对京津冀三地的企业发展实力、活力和创新力进行测度，得出北京的企业综合实力最强、天津其次、河北较差，并据此提出了四大政策建议，实现企业层面的京津冀协同发展。王子菁、张玉明[10]通过分析小微企业内部发展与外部环境发展的影响要素构成及各要素的作用，揭示小微企业发展的内在作用机理，运用统计学方法建立了小微企业的发展能力函数，构建了生命学视角的小微企业发展能力评价体系，以期通过函数的形式对我国小微企业的发展能力作出客观、定量和有效的评价。陈才、周先东等[11]以“五大发展理念”作为衡量企业高质量发展的重要标准，在分析研究现有研究成果、互联网大数据中相关论述和征求专家意见的基础上，从企业经营能力、创新能力、社会效应和绿色发展能力四个维度构建了基于互联网数据的制造业企业高质量发展指标体系，综合运用层次分析法、熵权法和德尔菲法确定各层级指标权重。骆春莲[12]分析了建立高质量发展评价指标是推进新时期我国经济发展的基础性工作，也是行业高质量发展的必然要求。从导向性、系统性、时效性和改进性四个方面制定企业高质量发展指标评价体系的原则。

徐创海[13]根据新时期油气行业发展特点和大型国有企业现实使命，提出从油气供给、结构优化、创新驱动、业务发展、要素效率、发展基础六个维度出发，建立 16 项一级指标、34 项二级指标，并据此来评价和判断企业发展高质量水平，最后提出了应用实施评价指标体系的相关建议。江小国、何建波[14]等在构建制造业高质量发展评价指标体系的基础上，利用全国 31 个省份的 2004—2017 年面板数据，分析制造业高质量发展水平及其时空特征，基于依托基础、发展动力、生产方式、产品模式、支撑行业、配套产业与发展目标七个维度，提出推动制造业高质量发展的立体化路径。Misztal A[15]对波兰运输企业的可持续发展问题进行了统计评估，最终得出经济发展伴随着工作条件和工作质量的改善，对自然资源的负面影响减少的结论。

（二）物流企业高质量发展

本章梳理了 2018 年 1 月 1 日至 2019 年 12 月 23 日 CNKI 及数据库 EBSCO 有关物流企业高质量发展的研究。

何黎明[16]研究了推进物流高质量发展面临的若干问题，我国物流运行质量和效率与人民的美好需要之间仍有很大的距离，通过推进物流领域简政降税、发展智慧物流、加强物流基础设施网络规划建设等举措实现物流企业的高质量发展。魏贵军[17]在报告中首先指出了物流高质量发展的三个特征，他认为推进物流高质量发展，需要企业、行业、政府的共同努力，国家发展改革委经济运行局鼓励支持物流业和其他行业的融合发展，加强运行监测和政策协调，大力推进物流降本增效，努力为物流业发展营造好环境。李晓丹[18]认为我国物流正处于转型升级的关键时期，行业逐步向降本增效，高质量、高效益方向转变，通过分析我国物流高质量发展面临的难题和挑战，给出高质量发展实践路径，以期望物流业尽快完成产业转型升级，为我国新经济消费升级提供新动能。汪鸣、陆华[19]认为我国物流高质量发展的趋势及路径应围绕物流服务供给和需求双侧，以全新的产业形态推动物流产业转型升级发展，并通过物流服务创新支撑和引领经济产业整体提质降本增效，发挥物流业在塑造产业链、提升价值链、促进制造与商贸流通向价值链中高端提升中的作用，确保我国产业链、供应链安全，并为我国经济和产业迈向全球价值链中高端提供优质的支撑服务。

王微、李汉卿[20]认为物流高质量发展对于深化供给侧结构性改革、壮大国内市场具有多方面的重要意义，未来发展要坚定不移贯彻“创新、协调、绿色、开放、共享”的新发展理念，以效率变革、动力变革和质量变革为重点，全面推进物流高质量发展。杨守德[21]提出为更好地适应当前我国物流装备市场需求差异大、多层次需求并存、设备自动化智能化发展的大形势，推动我国物流业实现跨越式高质量发展，需要进一步加强物流主体信息处理能力，构建物流信息互联共享体系，加强智能装备制造，创新物流业运营模式，政策鼓励业界先试先行。李瑞吉[22]从电子商务与物流的发展现状出发，深入剖析了电子商务环境下我国物流发展面临的突出问题，重点围绕优化物流发展环境、创新物流管理理念、优化物流发展布局、加快物流新技术应用、发展跨境电子商务物流等方面，提出了推动物流业高质量发展的对策措施。王佐[23]研究指出全要素生产率既是对“转向”过程的引导性指标，也是对“高质量发展”的评价性指标，而建立TFP评价指标和统计分析体系本身就是一项极具挑战性的创新活动。经济转向高质量发展将是一个长期的实践过程，因而将赋予物流研究极强的实践性。在国家经济高质量发展转型战略的指引下，物流转向高质量发展前景可期。陈方健[24]首先阐释了物流高质量发展的低成本、高效率、高服务水平、绿色化发展内涵，然后分析了影响我国物流高质量发展的几大因素，最后从合理规划完善我国物流基础设施网络体系、整合社会物流资源、培育规模型综合型物流企业、采用先进技术、优化作业方式、提高标准化水平、优化运行环境和发展绿色物流等方面提出了推进我国物流高质量发展的举措。Huang Y[25]根据文献综述和中国物流上市公司的数据，设计了物流企业的高质量发展评价体系，并建立了面板数据模型组；接着采用熵权法对指标进行综合和回归，基于数据信息的灰色本质，构建了改进的灰色关联模型和三维灰色关联模型，对中国物流企业的高质量发展进行了深入的研究；最后为中国物流企业的高质量发展提供了三个精益路径。

（三）文献评述

有关企业发展指标评价体系的研究较为丰富，各类研究方法趋于成熟，不同学者根据企业现状，从不同角度构建了合理的指标体系并给出对策建议。但大多数研究将视角集中于企业发展能力或可持续发展方面，关于企业发展水平的研究较少；相关研究确定指标体系时主观因素较多；多数研究仅单独评价企业发展的某一个领域，而将企业发展作为一个复杂系统，全面、细致考查的研究则较为少见，实证性的、指导实践的研究比较零散、不成体系。有关物流企业高质量发展的研究成果虽然较少，但近几年呈快速增长趋势，这与国家重视物流高质量发展密切相关。现有文献大部分从宏观角度对物流企业高质量发展进行研究，基于我国物流企业高质量发展的特点，通过分析我国物流企业高质量发展面临的难题和挑战，给出物流企业高质量发展的实现路径。但多数研究仅从理论出发对物流企业高质量发展进行研究，而运用模型深入全面地对物流企业高质量发展进行评价的则较为少见；多数提出的发展路径及政策建议主观性较强，而根据物流企业实际情况，结合实证分析给出建议的较少。

本章在吸收当前最新研究成果的基础上，明确京津冀物流企业高质量发展的方向，将目光聚焦于京津冀物流企业，从过程、投入、产出三个方面选取指标，通过计算对京津冀物流企业高质量发展水平进行总体评价，以期促进推动京津冀物流企业高质量发展的质量和效益，加快京津冀物流企业的升级转型，具体评述及问题提出见表4-1。

表4-1　现有文献评述及问题提出

现有文献	主要研究内容	局限性	问题提出
企业发展评价指标体系研究	多数文献基于企业发展现状，从不同维度出发构建企业发展评价指标体系：有些以“五大发展理念”作为衡量企业发展的重要标准，有些从定量和定性两个方面重构企业发展评价指标体系，最后给出发展对策及建议	相关研究多数较为主观地确定指标体系，而综合多家企业发展情况对其进行评价的并不多见；多数仅单独评价企业发展的某一个领域，而将企业发展作为一个复杂系统，全面、细致考查的研究则较为少见；多数以企业发展的相关理论进行探讨，而实证性的、指导实践的研究则比较零散、不成体系	研究是否可以以新发展理念为指导思想，从综合质效、过程能力、资源能力等方面建立指标体系；是否可以将物流企业发展作为一个全面系统的整体，运用模型开展实证分析，并提出更加实际有效的政策建议
物流企业高质量发展研究	多数文献从宏观角度对物流企业高质量发展进行研究，基于我国物流企业高质量发展的特点，通过分析我国物流企业高质量发展面临的难题和挑战，给出物流企业高质量发展的实践路径	相关研究多数提出的发展路径及政策建议主观性较强，而根据物流企业实际情况结合实证分析给出建议的较少；多数以物流业为研究对象，而以物流企业为研究对象的并不多见；多数仅从理论出发对物流企业高质量发展进行研究，而将运用模型深入全面地对物流企业高质量发展进行评价则较为少见	

三、京津冀企业高质量发展内涵及影响研究

（一）京津冀物流企业高质量发展内涵

高质量发展是2017年中国共产党第十九次全国代表大会首次提出的，表明中国经济由高速增长阶段转向高质量发展阶段。李金昌、史龙梅等[26]

认为，高质量发展就是更高水平、更有效率、更加公平、更可持续的发展，也即完成从规模的“量”到结构的“质”，从“有没有”到“好不好”的两个转变。黄速健等[27]认为企业高质量是指企业追求高水平、高层次、高效率的经济价值和社会价值创造，以及塑造卓越的企业持续成长和持续价值创造素质能力的目标状态或发展范式。实现社会价值驱动、资源能力突出、产品服务一流、透明开放运营、管理机制有效、综合绩效卓越、社会声誉良好是企业高质量发展最明显的特质。

王微、李汉卿[28]提出推动物流业发展质量变革、效率变革、动力变革，实现高质量发展，将为壮大国内市场、经济高质量发展提供基础和有力支撑，并将物流高质量发展定义为以新发展理念为指导的物流发展状态，是物流发展的有效性、持续性、协调性、创新性、共享性和稳定性的综合。物流高质量发展的本质是提质、降本、增效，最终实现可持续发展。物流企业高质量发展和物流高质量发展是两个不同层面的概念。物流企业高质量发展主体是物流企业，更加强调高质量产品和服务、高质量设备设施、高质量发展工作机制、高质量支撑体系和强烈的高质量发展意识。因此，陈方健[24]认为物流企业高质量发展是指物流企业必须走绿色化发展之路，要着眼于生态文明、环境友好、资源节约和安全等，推进绿色、低碳和可持续发展，推广使用清洁能源，推行绿色运输、仓储、包装和配送，从而最大限度地减少物流活动对环境的负面影响。

根据以上分析，作者认为京津冀物流企业高质量发展是以新发展理念为指导的发展新阶段、新境界，是内涵、创新、绿色、包容性的全面发展，是企业发展动能转化、服务质量提升、物流模式创新、管理转型升级、服务满意度显著提高的最优状态。推动京津冀物流企业高质量发展是京津冀物流发展的新指向，也是适应京津冀地区物流需求变化和保持物流高质量持续健康发展的必然要求。

（二）京津冀物流企业高质量发展影响因素

京津冀物流企业高质量发展是一个具有包容性的概念，由“物流企业”“高质量发展”等多个概念复合而成，虽然直观上人们似乎容易意会其涵义，但真正界定与科学把握却并不容易，往往会出现认知上的分歧，无法形成统一的观点。

关于企业高质量发展的影响因素，黄速健[27]认为企业高质量发展受三个维度、七个方面的影响，包括社会价值、资源能力、产品服务、运营制度、管理机制、综合质效、社会声誉。关于物流高质量发展的影响因素，李晓丹[18]认为物流高质量发展受到基础设施、管理能力、发展方式、物流产业结构等因素的影响。关于京津冀高质量发展的影响因素，崔志新、陈耀[29]认为京津冀高质量发展受产业链分工、优质服务资源、治理机制、创新要素等因素的影响。在总结和归纳这些发展影响因素的基础上（表4-2），结合京津冀物流企业高质量发展的内涵，本章将影响京津冀物流企业高质量发展的因素归纳为综合质效、过程能力、资源能力。

表4-2　相关概念影响因素梳理

相关概念	影响因素	总　结
企业高质量发展	社会价值、资源能力、产品服务、运营制度、管理机制、综合质效、社会声誉	这里将影响京津冀物流企业高质量发展的因素归纳为综合质效、过程能力、资源能力
物流高质量发展	基础设施、管理能力、发展方式、物流产业结构等	
京津冀高质量发展	产业链分工、优质服务资源、治理机制、创新要素等	

1. 综合质效

质效是质量与效益的综合，是一定时期内的工作行为、方式、结果及其产生的客观影响，是组织为实现其目标而开展的活动在不同层面上的有效输出。

对物流企业综合质效评价指标的选择，不仅要结合本章的主要研究目的，还需要针对物流企业实际的经营特点进行。作者认为，影响物流企业高质量发展的综合质效有企业质效、社会质效、财务质效、生态质效和物流质效。企业质效是指企业应当具有高水平、行业领先甚至世界一流的经济质效，尤其是拥有较高的市场地位和优异的成长性、盈利性、效率性，保持企业运营的健康性与健壮性，能够充分维持和支撑企业持续的自我发展；社会质效是指企业应当最大限度地实现高水平的社会质效，包括对经济发展的间接贡献、对社会进步的促进作用和对环境保护的直接与间接效应；财务质效是企业战略及其实施和执行是否正在为最终的经营业绩作出贡献；财务质效能够很全面地表达企业成本控制的效果、资产运用管理的效果、资金来源调配的效果以及股东权益报酬率的组成；生态质效是指企业不仅要进行物质资本的不断补偿，而且还要进行生态环境资本的不断补偿，从而实现各种资本的保值增值，促进经济、生态、社会的和谐发展；物流质效是指根据企业目标，对经济成本等进行全面估计后，取得质量和效益的平衡点，在保证物流便利性、物流时间性、物流文明性的同时，使得企业经济利润最大。

物流企业高质量发展要求中的企业不只是受自身发展影响，还受到环境等多方面因素的共同影响。因此京津冀物流企业不该只注重自身的经济质效，而是强调范围更广、内容更全的综合质效，成为卓越综合质效的创造者。

2. 过程能力

物流企业的成长要经过从无到有、从小到大、从大到强的成长过程，而过程能力即从市场份额、赢利、机制、人员、资本以及组织整合等方面的小规模、低水平向大规模、高水平不断扩大的能力。当过程能力过高或不足时，可以通过改善过程因素，使过程达到最佳状态。过程能力并非越高越好，理想的过程不仅能确保产品质量满足要求，同时还要求成本最低、运作最简捷、耗费的时间最短等。要使这些要求达到一个最理想的状态，就必须对过程进行系统的测量、分析，不断改善过程因素，使其达到最优平衡状态。物流企业成长过程不同于企业发展和企业增长，不仅具有量的扩张，还包括质的变化。要摆脱单纯依靠要素驱动实现增长的弊端，所以要引导企业将科技创新作为未来发展的第一动力，还要着眼于企业的市场发展潜力。因此，研究将从核心过程、支撑过程、成长过程等角度分析京津冀物流企业的过程能力。

核心过程包括物流作业的流畅性、物流服务的及时性，这些是反馈企业形象的直接影响因素；支撑过程是指支撑企业持续发展壮大的关键因素，如企业文化认同性、企业制度完善性、组织的协调性等；成长过程是一个从量变到质变的过程，是一种成长“基因”推动企业系统内部的组织与功能不断地分化，从而促进企业系统机体不断扩张、新陈代谢，不断适应环境，并与环境形成良性互动的过程，如新市场的开拓能力等。

3. 资源能力

企业高质量发展要求企业培育和具备异质性的战略资源、独特的核心能力和突出的动态能力，能够构筑形成竞争优势和适应外部环境变化，保证企业有能力将引领社会价值的理念落地。资源能力是物流企业获取持续竞争优势的来源和企业竞争优势的深层来源。对于京津冀区域物流企业，高质量的战略资源意味着物流企业应更加重视和强调人才资源、信息资源、物质资源、经济资源等软、硬实力资源，将其打造成为支撑企业战略运营的关键要素。

人力资源是指企业发展与规划中具有较多科学知识、较强劳动技能，在价值创造过程中起关键或重要作用的人员；信息资源是指物流企业能够收集和利用有助于企业决策的有用信息；物质资源是物流企业发展的基础，其包含的种类很多，为便于管理，一般分为固定资产、材料和低值易耗品三大类；经济资源是指物流企业高质量发展中所拥有的和潜在的资本资源，它具备有用性和稀缺性。

四、京津冀物流企业高质量发展评价体系构建过程

京津冀物流企业高质量发展评价指标体系是以京津冀物流企业发展现状为前提，基于理论分析与案例分析构建的综合性评价指标体系。建立该指标体系的目的在于对京津冀物流企业进行综合实力分析，帮助其发现自身的优势和不足，从而引导京津冀物流企业更好地找准发展方向，提升企业竞争力，同时，为京津冀地区制定物流企业高质量发展政策提供科学依据。

（一）京津冀物流企业高质量发展评价指标选取

本章按照京津冀物流企业高质量发展的内涵和要求，结合相关文献研究成果，构建京津冀物流企业高质量发展评价指标体系。

1. 指标选取原则

（1）全面性原则。根据全面评价京津冀物流企业高质量发展水平的目的，围绕京津冀物流企业高质量发展评价指标体系，选取评价指标。因为如果指标选取不够全面，那么后续研究也将有偏颇，只有在全面性原则的基础上选取的指标，才能体现京津冀物流企业高质量发展各方面因素，从而更好地引导物流企业发展。

（2）代表性原则。每一项研究都有其不同的研究目标和研究对象，指标代表性也会不同，这也是选取指标的重要原因。在完整性原则的基础上，选取的指标必须能够体现京津冀物流企业高质量发展的情况，代表物流企业高质量发展的特点。

（3）系统性原则。综合评价一项事物，需要一系列相互影响、相互关联的指标共同作用，形成一个评价体系。根据系统性原则选取的指标既要反映同一个主体的不同侧面，又指向同一个目标，具体表现为横向相互影响与制约，纵向相互关联。

2. 指标筛选及确定

通过整理参考文献，归纳出评价京津冀物流企业高质量发展的指标，初建指标情况见表4-3。

表4-3　初建的评价指标

序号	指　标	指标说明
1	创新投入	企业研发人员和研发经费的投入强度
2	创新产出	企业科研经费支出与科技人员投入转化为技术成果的指数
3	市场能力	企业的市场覆盖率和开拓新市场的能力
4	劳动力水平	企业物流人员和专门从事科研的人员在全体员工中的比率
5	设施设备资源	企业基础设施设备的完善程度和先进程度

续表

序号	指　标	指标说明
6	信息化水平	企业信息平台的使用效率、信息的传输效率和信息的共享水平
7	投入指标	企业投向日常运营过程中的人力、财力、物力等资源的指标
8	环保水平	企业对于新能源的利用程度
9	客户服务水平	客户对所获得的服务要素的满意程度
10	企业服务水平	企业营业网点的覆盖程度
11	内部管理水平	企业的结构、流程和制度的规范化程度
12	企业文化水平	企业文化在其内部和社会的认同度
13	企业开放水平	企业运营的透明与开放程度
14	外部参与程度	利益相关方参与企业运营的程度

初建的评价指标主要包括六大方面：一是持续成长能力，例如创新产出和市场能力，它反映了企业的市场前景和创新水平，从市场份额、科研人员等角度体现企业向大规模、高水平和高质量不断发展的能力。二是资源能力，例如劳动力水平，这是企业获取持续竞争优势的深层来源。三是综合绩效，例如投入指标，企业的高质量发展意味着要以最少的全要素投入创造最大的综合绩效产出。四是服务水平，物流企业存在的核心社会功能，例如企业服务水平，反映企业提供质量合意性的物流产品与服务的水平。五是管理水平，例如内部管理水平，体现了企业是否建立具有一定先进性、符合企业实际需要的管理机制。六是开放运营水平，例如外部参与程度体现物流企业是否被利益相关方和社会所认可与认同，因此企业不仅要着眼于实现一流的产品服务，还需要对利益相关方和社会保持足够的透明度与开放度。总之，初建的京津冀物流企业高质量发展评价指标与前面研究中对京津冀物流企业高质量发展的理解基本一致。

初建的评价指标体系是依据项目小组的参考文献以及物流企业高质量发展水平的影响因素确立的，因此总结出的 14 个评价指标所包含的主观成分很大。而且在初建评价指标体系时，项目小组尽可能保证评价指标的覆盖面广，这是为了保证据此建立起来的评价指标体系的全面性和系统性，但在优化评价指标时则还应考虑指标的代表性等。初建指标时，不可避免会出现重复、难以计量的指标干扰，这就有必要通过一些方法对初建的评价指标进行筛选优化。

目前，京津冀地区物流企业发展水平良莠不齐，对自身高质量发展的重视程度也各有差异，所以评价指标的统计数据资料很少而且不全面。因此，项目小组主要采用德尔菲法对指标体系进行筛选优化。

一是确定专家咨询人员。为了保证对评价指标筛选的公正性，避免评价指标的筛选工作存在片面的问题，课题小组分别从京津冀物流企业、交通部门以及学术界选择 2~3 位专家作为咨询对象。

二是设计第一轮专家咨询问卷。根据初建的京津冀物流企业高质量发展评价指标，设计了专家咨询调查问卷。问卷结构分为两个部分：第一部分用来评价初建的指标的重要性程度，将指标重要性程度分为 5 个等级，分别赋分为“1、2、3、4、5”，分值越高代表该评价指标在评价物流企业高质量发展水平上越重要。每位专家须对初选的 14 个评价指标打分评价。第二部分是设置了开放型问题，向专家咨询 14 个指标的衡量标准，如何用不同程度的表现来反应评价指标的强弱程度。

三是对第一轮咨询结果进行分析，进行第二轮专家咨询。对回收的第一轮咨询问卷进行了描述统计分析，将重要性程度得分低于平均分的评价指标剔除，同时整合各位专家关于评价指标的衡量标准，得到新的评价指标集。

新的评价指标从综合绩效、过程能力、资源能力三个角度进行了优化，由此确定的评价指标见表 4-4。

表 4-4　确定的评价指标

序号	指　　标	指标衡量标准
1	企业绩效	通过净利润额、营业收入总额、净资产收益率衡量
2	社会绩效	通过社会贡献率、社会积累率衡量
3	生态绩效	通过新能源利用率、生态环境贡献率衡量
4	核心过程	通过作业流畅性、服务及时性衡量

续表

序号	指　标	指标衡量标准
5	支撑过程	通过组织协调性、企业文化认同度、企业制度完善性衡量
6	成长过程	通过企业运营透明度、创新经费投入度、新市场开拓能力衡量
7	人力资源	通过员工规模、员工学历结构衡量
8	物质资源	通过物流设施完善性、物流设备独特性衡量
9	经济资源	通过资本规模、资本结构衡量
10	信息资源	通过信息丰度、信息系统建设成熟度衡量

将新的评价指标集反馈给专家后，专家对新的评价指标集作出了确定性的评价，京津冀物流企业高质量发展指标体系见表 4-5。

表 4-5　京津冀物流企业高质量发展指标体系

一级指标	二级指标	三级指标
综合质效	企业质效	净利润额
		营业收入总额
		净资产收益率
		客户满意度
	社会质效	社会积累率
		社会贡献率
	生态质效	新能源利用率
		生态环境贡献率
	物流质效	物流便利性
		物流时间性
		物流文明性
过程能力	核心过程	作业流畅性
		服务及时性
	支撑过程	组织协调性
		企业文化认同性
		企业制度完善性
	成长过程	企业运营透明度
		创新经费投入度
		新市场开拓能力

续表

<table>
<tr><th>一级指标</th><th>二级指标</th><th>三级指标</th></tr>
<tr><td rowspan="8">资源能力</td><td rowspan="2">人力资源</td><td>员工规模</td></tr>
<tr><td>员工学历结构</td></tr>
<tr><td rowspan="2">物质资源</td><td>物流设施完善性</td></tr>
<tr><td>物流设备独特性</td></tr>
<tr><td rowspan="2">经济资源</td><td>资本规模</td></tr>
<tr><td>资本结构</td></tr>
<tr><td rowspan="2">信息资源</td><td>信息丰度</td></tr>
<tr><td>信息系统建设成熟度</td></tr>
</table>

（二）京津冀物流企业高质量发展评价体系指标权重设置

1. 调查问卷检验

为了确保指标更加具有代表性，对指标进行筛选，确保各个指标之间没有明显的相关性与信息重复，可以进行单独考量。通过对京津冀物流企业进行调研，了解他们对本研究所选取指标的意见，并结合专家观点进行再一次的优化。本次调研问卷发放给京津冀物流企业高层管理人员和相关政府部门人员。

设计调查问卷：本研究根据指标选取原则和京津冀独特物流区域优势进行设计。问卷采用李克特五级量表，让被调研者能够清楚地了解调查问卷的相关内容，以便于更加清楚地收集数据。问卷内容分为三个部分：第一部分为被邀约者的基本情况，第二部分为量表问题，第三部分为开放性问题。通过数据调研进一步对指标进行整理。

调查问卷信度检验：在调查问卷整理完毕后，研究对调查问卷进行可信度分析，通过 SPSS21.0，对样本数据进行 Cronbach's Alpha 系数信度检验，判定本次调研结果的合理性。当系数的取值大于 0.8 时，说明样本数据存在一定的参考价值；当系数的值小于 0.6 时，建议重新执行调研程序。对调查问卷中设置的 41 个项目进行了可靠性分析，见表 4-6。Cronbach's Alpha 系数值为 0.967，表明调查问卷的可信度非常高，可以通过调查问卷进行数据分析。

表 4-6　可靠性统计量

Cronbach's Alpha	项　数
0.967	41

本次调研合计发放问卷 32 份，见表 4-7，收回完整意见详本 28 份，其中在 Q42 中剔除掉答案非常分散的问卷 4 份，问卷的有效率为 87.5%，调查问卷经过筛选用于统计分析。

表 4-7　案例处理汇总

		份　数	占　比
案例	有效	28	87.5%
	已排除*	4	12.5%
	总计	32	100.0%

注：* 在此程序中基于所有变量的列表方式删除。

2. 因子分析检验

因子分析适用性检验：首先考虑评价指标之间是否存在一定的线性关系，是否适合采用因子分析提取公共因子。通过对各个指标的相关系数矩阵、Bartlett 球形检验和 KMO 检验方法的计算结果进行分析，通过相关系数矩阵可以看到，大部分指标的相关系数都比较高，各评价指标之间呈现出较强的线性关系，能够从中提取公共因子，适合进行因子分析。

通过 Bartlett 球形检验（表 4-8），可以看出统计量的观测值为 574.243，相应的概率 P 接近于 0，由于概率 P 小于显著水平 a，应拒绝 0 假设，认为相关系数矩阵与单位矩阵有显著关系。同时 KMO 值为 0.512，根据 Kaiser 给出的 KMO 度量值标准可知评价指标适合做因子分析。

表 4-8　KMO 和 Bartlett 球形检验

取样足够多的 KMO 度量		0.782
Bartlett 球形检验	近似卡方	574.243
	df	253
	Sig.	0.000

3. 指标权重计算及确定

通过 SPSS21.0 数据分析，在表 4-9 中，公因子方差的第二列可知，所有评价指标的共同度较高，各个信息变量丢失较少，本次因子提取的总体效果理想。

表 4-9　公因子方差

项数	初始	提取	项数	初始	提取
Q1	1.000	0.930	Q16	1.000	0.974
Q2	1.000	0.960	Q17	1.000	0.868
Q3	1.000	0.897	Q18	1.000	0.987
Q4	1.000	0.925	Q19	1.000	0.863
Q5	1.000	0.953	Q20	1.000	0.964
Q6	1.000	0.927	Q21	1.000	0.913
Q7	1.000	0.889	Q22	1.000	0.915
Q8	1.000	0.816	Q23	1.000	0.887
Q9	1.000	0.928	Q24	1.000	0.928
Q10	1.000	0.955	Q25	1.000	0.944
Q11	1.000	0.907	Q26	1.000	0.908
Q12	1.000	0.923	Q27	1.000	0.885
Q13	1.000	0.960	Q28	1.000	0.955
Q14	1.000	0.836	Q29	1.000	0.967
Q15	1.000	0.970	Q30	1.000	0.684
Q31	1.000	0.887	Q37	1.000	0.911
Q32	1.000	0.912	Q38	1.000	0.935
Q33	1.000	0.895	Q39	1.000	0.918
Q34	1.000	0.981	Q40	1.000	0.833
Q35	1.000	0.976	Q41	1.000	0.920
Q36	1.000	0.989	—	—	—

提取方法：主成分分析。

在表 4-10 中，主要计算各主成分的特征值和贡献率，研究选取包含原指标信息量（累积贡献率）87.377%的前六个主成分。经方差最大化旋转后的六个主成分贡献率分别为 28.288%、20.187%、15.426%、12.982%、6.407%和 4.087%，因子解释评价指标总体方差为 7.38、5.451、4.165、3.505、1.730、1.103。

表 4-10　解释的总方差

成分	初始特征值			提取平方和载入			旋转平方和载入		
	合计	方差/%	累积/%	合计	方差/%	累积/%	特征值	方差/%	累积/%
1	14.112	52.268	52.268	14.112	52.268	52.268	7.638	28.288	28.288
2	3.367	12.472	64.739	3.367	12.472	64.739	5.451	20.187	48.475
3	2.240	8.296	73.036	2.240	8.296	73.036	4.165	15.426	63.901
4	1.662	6.155	79.191	1.662	6.155	79.191	3.505	12.982	76.883
5	1.161	4.299	83.490	1.161	4.299	83.490	1.730	6.407	83.290
6	1.050	3.887	87.377	1.050	3.887	87.377	1.103	4.087	87.377

提取方法：主成分分析。

成分矩阵见表 4-11。

表 4-11　成分矩阵*

序号	成　分					
	1	2	3	4	5	6
Q1	0.564	−0.260	0.698	0.057	0.222	−0.107
Q2	0.746	−0.341	0.253	−0.274	−0.097	0.222
Q3	0.455	−0.249	0.459	0.382	−0.333	0.388
Q4	0.460	−0.344	0.585	−0.213	0.050	0.032
Q5	0.726	−0.247	0.007	−0.602	0.052	−0.100
Q6	0.795	−0.007	0.080	−0.453	−0.170	−0.106
Q7	0.828	−0.159	−0.127	−0.392	0.217	0.070
Q8	0.765	−0.072	−0.409	−0.043	0.249	0.038
Q9	0.813	−0.218	0.056	0.197	0.023	0.146
Q10	0.696	−0.230	0.170	0.408	0.262	−0.074

续表

序号	成分					
	1	2	3	4	5	6
Q11	0.830	0.429	-0.192	0.072	-0.135	-0.228
Q12	0.601	0.555	0.446	0.192	-0.018	-0.056
Q13	0.655	-0.102	-0.374	0.464	-0.220	0.062
Q14	0.810	-0.129	-0.397	0.161	-0.071	0.041
Q15	0.695	0.048	-0.188	-0.153	-0.525	0.205
Q16	0.653	0.541	0.131	-0.113	-0.281	-0.126
Q17	0.865	-0.122	-0.115	-0.003	-0.192	-0.188
Q18	0.579	0.739	-0.028	-0.007	0.114	0.083
Q19	0.165	0.776	-0.021	-0.049	0.250	0.492
Q20	0.887	-0.072	0.076	0.001	-0.289	-0.067
Q21	0.751	0.467	0.241	0.131	0.149	-0.002
Q22	0.865	-0.122	0.039	0.276	0.126	-0.306
Q23	0.916	-0.107	-0.088	0.130	0.159	-0.197
Q24	0.853	-0.080	-0.324	0.039	0.156	-0.158
Q25	0.733	-0.226	-0.350	-0.061	0.220	0.357
Q26	0.686	-0.344	0.001	0.065	0.121	0.302
Q27	0.645	0.641	0.121	-0.151	0.072	0.001
提取方法：主成分。						

注：* 表示已提取了 6 个成分。

研究通过式（4-1）~式（4-3）得出京津冀物流企业高质量发展评价指标的权重。

通过表 4-11 成分矩阵可以得到每个线性组合系数 S_i，按式（4-1）计算，得到表 4-12 线性组合系数矩阵。

$$S_i = Q_i / \sqrt[2]{M_i} \tag{4-1}$$

式中， S_i——第 i 个因子线性组合系数；

Q_i——第 i 个因子成分矩阵系数；

M_i——第 i 个主成分因子特征根。

表 4-12　线性组合系数矩阵

	成分					
	1	2	3	4	5	6
特征根	7. 638	5. 451	4. 165	3. 505	1. 730	1. 103
方差的百分比（%）	28. 288	20. 188	15. 426	12. 982	6. 408	4. 087
Q1	0. 20	−0. 11	0. 34	0. 03	0. 17	−0. 10
Q2	0. 27	−0. 15	0. 12	−0. 15	−0. 07	0. 21
Q3	0. 16	−0. 11	0. 22	0. 20	−0. 25	0. 37
Q4	0. 17	−0. 15	0. 29	−0. 11	0. 04	0. 03
Q5	0. 26	−0. 11	0. 00	−0. 32	0. 04	−0. 10
Q6	0. 29	0. 00	0. 04	−0. 24	−0. 13	−0. 10
Q7	0. 30	−0. 07	−0. 06	−0. 21	0. 16	0. 07
Q8	0. 28	−0. 03	−0. 20	−0. 02	0. 19	0. 04
Q9	0. 29	−0. 09	0. 03	0. 11	0. 02	0. 14
Q10	0. 25	−0. 10	0. 08	0. 22	0. 20	−0. 07
Q11	0. 30	0. 18	−0. 09	0. 04	−0. 10	−0. 22
Q12	0. 22	0. 24	0. 22	0. 10	−0. 01	−0. 05
Q13	0. 24	−0. 04	−0. 18	0. 25	−0. 17	0. 06
Q14	0. 29	−0. 06	−0. 19	0. 09	−0. 05	0. 04
Q15	0. 25	0. 02	−0. 09	−0. 08	−0. 40	0. 20
Q16	0. 24	0. 23	0. 06	−0. 06	−0. 21	−0. 12
Q17	0. 31	−0. 05	−0. 06	0. 00	−0. 15	−0. 18
Q18	0. 21	0. 32	−0. 01	0. 00	0. 09	0. 08
Q19	0. 06	0. 33	−0. 01	−0. 03	0. 19	0. 47
Q20	0. 32	−0. 03	0. 04	0. 00	−0. 22	−0. 06
Q21	0. 27	0. 20	0. 12	0. 07	0. 11	0. 00
Q22	0. 31	−0. 05	0. 02	0. 15	0. 10	−0. 29
Q23	0. 33	−0. 05	−0. 04	0. 07	0. 12	−0. 19
Q24	0. 31	−0. 03	−0. 16	0. 02	0. 12	−0. 15
Q25	0. 27	−0. 10	−0. 17	−0. 03	0. 17	0. 34
Q26	0. 25	−0. 15	0. 00	0. 03	0. 09	0. 29
Q27	0. 23	0. 27	0. 06	−0. 08	0. 05	0. 00

由线性组合矩阵系数可以得到六个主成分线性组合公式，主成分线性组合公式 F_n 按式（4-2）计算：

$$F_i = E_i \times X_i \tag{4-2}$$

式中，F_i——第 i 个因子线性表达式；

E_i——第 i 个线性组合矩阵系数；

X_i——第 i 个自变量 X。

线性公式 F_n 结合各主成分方差贡献率，并可以得到各个成分的权重，各指标权 V_i 按式（4-3）计算，都得到京津冀物流企业高质量发展评价指标的对应权重，见表 4-13。

$$V = \frac{E_i \times W_n + \cdots + E_i \times W_n}{W_1 + W_2 + \cdots + W_n} \tag{4-3}$$

式中，V_i——第 i 个指标的权重；

E_i——第 i 个线性组合矩阵系数；

W_i——第 i 个主成分方差值。

表 4-13　京津冀物流企业高质量发展评价体系

一级指标	权重	二级指标	权重	三级指标	权重
综合质效	0.43	企业质效	0.3	净利润额	0.28
				营业收入总额	0.28
				净资产收益率	0.18
				客户满意度	0.26
		社会质效	0.19	社会积累率	0.49
				社会贡献率	0.52
		生态质效	0.17	新能源利用率	0.48
				生态环境贡献率	0.30
		物流质效	0.34	物流便利性	0.37
				物流时间性	0.35
				物流文明性	0.28

续表

一级指标	权重	二级指标	权重	三级指标	权重
过程能力	0.27	核心过程	0.53	作业流畅性	0.49
				服务及时性	0.51
		支撑过程	0.24	组织协调性	0.31
				企业文化认同性	0.32
				企业制度完善性	0.37
		成长过程	0.23	企业运营透明度	0.34
				创新经费投入度	0.32
				新市场开拓能力	0.34
资源能力	0.3	人力资源	0.25	员工规模	0.49
				员工学历结构	0.51
		物质资源	0.33	物流设施完善性	0.48
				物流设备独特性	0.52
		经济资源	0.25	资本规模	0.50
				资本结构	0.50
		信息资源	0.17	信息丰度	0.52
				信息系统建设成熟度	0.48

通过因子分析法计算出京津冀物流企业高质量发展各项指标权重，研究采用模糊评价法即可得出京津冀物流企业高质量发展综合得分 P，各企业得分 P 按式（4-4）计算：

$$P_i = \sum B_i \sum C_i \sum_{i=1}^{n} A_i D_i \tag{4-4}$$

式中，P_i——第 i 个京津冀物流企业得分；

A_i——第 i 个京津冀物流企业评分；

B_i——第 i 个三级指标权重；

C_i——第 i 个二级指标权重；

D_i——第 i 个一级指标权重。

五、京津冀物流企业高质量发展评价体系实证分析

为检验京津冀物流企业高质量发展指标体系的应用价值，本章选取了2018 年新三板和 A 股上市的京津冀 100 家物流企业的公开数据（例如净利润额、收入总额、员工人数等）作为样本进行了实证分析，针对相关指标数值，提出相应建议。

（一）京津冀物流企业高质量发展评价体系临界值确定

为了使数据更加准确，本章通过 SPSS21.0 对京津冀物流企业高质量发展指标数据进行回归分析，其中社会贡献率等 22 项指标服从正态分布，新能源利用率、生态环境贡献率等 3 项指标服从指数分布。为了更好地分析当前京津冀物流企业发展阶段，研究根据现有物流企业相关数据采用蒙特卡洛方法模拟 300 家物流企业的综合得分 P，模拟数据频率分布如图 4-1所示，高频率主要集中在 0.46～0.63 区间，符合当前物流企业高质量发展状况。

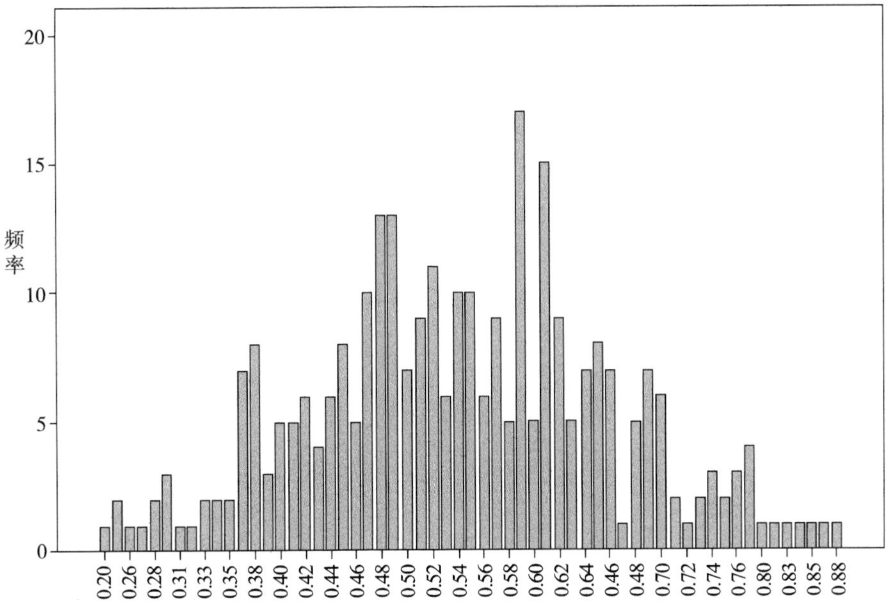

图 4-1　蒙特卡洛模拟分布频率图

运用 SPSS21.0 对综合得分 P 进行 K-均值聚类分析，在表 4-14 中均值聚类分析迭代记录和表 4-15 聚类中心显示：物流企业高质量发展综合得分被分为四类，每类的企业综合得分 P 分别分布在（0.1~0.35）（0.35~0.54）（0.55~0.74）和（0.75~0.95）区间上，对应 300 家物流企业落在中心范围数量为 18、126、125 和 31 家。

表 4-14　迭代记录表*

迭代	聚类中心内的更改			
	1	2	3	4
1	0.028	0.023	0.065	0.067
2	0.010	0.006	0.036	0.027
3	0.006	0.005	0.021	0.021
4	0.005	0.008	0.013	0.021
5	0.003	0.004	0.008	0.008
6	0.001	0.003	0.002	0.007
7	0.000	0.000	0.000	0.000

注：*表示由于聚类中心内没有改动或改动较小而达到收敛；任何中心的最大绝对坐标更改为 0.000；当前迭代为 7；初始中心间的最小距离为 0.220。

表 4-15　聚类中心

项　目	聚　类			
	1	2	3	4
物流企业高质量初始得分	0.65	0.43	0.88	0.20
物流企业高质量最终得分	0.60	0.48	0.74	0.35
聚类中心取值范围	（0.55~0.74）	（0.35~0.54）	（0.75~0.95）	（0.1~0.35）
聚类中心得案例数	125	126	31	18

结合企业高质量发展的相关文献以及专家意见，研究将企业高质量发展划分为四个阶段：传统发展阶段、初等质量发展阶段、中等质量发展阶段和高质量发展阶段，见表 4-16。

表 4-16　物流企业高质量发展等级划分

评分	(0.1, 0.35]	(0.35, 0.55]	(0.55, 0.75]	(0.75, 1]
阶段	传统发展阶段	初等质量发展阶段	中等质量发展阶段	高质量发展阶段
等级	Ⅰ	Ⅱ	Ⅲ	Ⅳ

(二) 京津冀物流企业高质量发展评价结果分析

1. 京津冀地区物流企业总体处于中等质量发展阶段

研究随机抽取京津冀物流企业 100 家，通过计算得出京津冀 100 家物流企业高质量发展评价，见表 4-17。

表 4-17　京津冀物流企业高质量发展评价表

企业名称	得分	级别	企业名称	得分	级别	企业名称	得分	级别
ZT	0.84	Ⅳ	TJ	0.77	Ⅳ	BJ	0.73	Ⅲ
BJ	0.82	Ⅳ	TS	0.77	Ⅳ	ZL	0.73	Ⅲ
CJ	0.82	Ⅳ	BJ	0.77	Ⅳ	ZG	0.71	Ⅲ
ZY	0.81	Ⅳ	HB	0.76	Ⅳ	BJ	0.71	Ⅲ
JZ	0.8	Ⅳ	HW	0.76	Ⅳ	ZT	0.71	Ⅲ
BJ	0.79	Ⅳ	LF	0.75	Ⅲ	BJ	0.71	Ⅲ
PT	0.79	Ⅳ	CD	0.74	Ⅲ	HB	0.71	Ⅲ
ZT	0.78	Ⅳ	TJ	0.74	Ⅲ	ZS	0.7	Ⅲ
GL	0.7	Ⅲ	FD	0.55	Ⅱ	AB	0.44	Ⅱ
BJ	0.69	Ⅲ	FB	0.55	Ⅱ	JT	0.44	Ⅱ
JH	0.69	Ⅲ	ZT	0.55	Ⅱ	SW	0.43	Ⅱ
BE	0.69	Ⅲ	XR	0.53	Ⅱ	RC	0.43	Ⅱ
SJ	0.68	Ⅲ	YT	0.53	Ⅱ	CY	0.43	Ⅱ
BH	0.68	Ⅲ	CY	0.53	Ⅱ	JZ	0.42	Ⅱ
DD	0.68	Ⅲ	KD	0.53	Ⅱ	ZS	0.42	Ⅱ
AD	0.67	Ⅲ	JH	0.52	Ⅱ	XY	0.42	Ⅱ
CJ	0.66	Ⅲ	GF	0.52	Ⅱ	QR	0.42	Ⅱ
YD	0.66	Ⅲ	SC	0.52	Ⅱ	HY	0.42	Ⅱ
CT	0.66	Ⅲ	WL	0.51	Ⅱ	AD	0.42	Ⅱ
XF	0.65	Ⅲ	JZ	0.51	Ⅱ	XY	0.41	Ⅱ

续表

企业名称	得分	级别	企业名称	得分	级别	企业名称	得分	级别
SF	0.65	Ⅲ	GJ	0.51	Ⅱ	QR	0.41	Ⅱ
JT	0.64	Ⅲ	ZY	0.50	Ⅱ	HY	0.41	Ⅱ
BL	0.63	Ⅲ	HL	0.49	Ⅱ	AD	0.41	Ⅱ
YS	0.63	Ⅲ	DB	0.49	Ⅱ	ZY	0.39	Ⅱ
RC	0.63	Ⅲ	DY	0.49	Ⅱ	SF	0.37	Ⅱ
LG	0.62	Ⅲ	LW	0.48	Ⅱ	FT	0.37	Ⅱ
HG	0.62	Ⅲ	YY	0.47	Ⅱ	HX	0.37	Ⅱ
BY	0.61	Ⅲ	CL	0.47	Ⅱ	JL	0.37	Ⅱ
DF	0.61	Ⅲ	HW	0.46	Ⅱ	DG	0.36	Ⅱ
AX	0.6	Ⅲ	YT	0.46	Ⅱ	JL	0.36	Ⅱ
HG	0.59	Ⅲ	AF	0.46	Ⅱ	DD	0.35	Ⅰ
JS	0.58	Ⅲ	BC	0.45	Ⅱ	GD	0.33	Ⅰ
BF	0.58	Ⅲ	SY	0.45	Ⅱ	YY	0.47	Ⅱ
SS	0.57	Ⅲ	KT	0.44	Ⅱ	CL	0.47	Ⅱ

注：企业名称已用首字母替代。

通过对京津冀100家物流企业高质量发展评分的分析，综合评分在0.5分以上的为64家，占比率为64%；处于中等质量和高质量发展阶段的企业为49家，占比接近总数的一半。其次将100家京津冀物流企业进行分类，见表4-18，京津冀物流企业处于传统发展阶段的为3家，占比为3%；初等质量发展阶段为48家，占比为48%；中等质量发展阶段为36家，占比为36%；高质量发展阶段为13家，占比为13%。中等质量和高质量发展阶段占比49%，因此京津冀地区物流企业整体处于中等质量发展阶段。

表4-18　京津冀物流企业高质量发展等级划分

等级	传统发展阶段	初等质量发展阶段	中等质量发展阶段	高质量发展阶段
数量	3	48	36	13
占比（%）	3	48	36	13

2. 京津物流企业高质量发展状况优于河北

研究将京津冀100家物流企业进行分类，见表4-19，随机抽取北京物流企业34家，占比34%；天津物流企业16家，占比为16%；河北物流企业50家，占比为50%。其中，北京地区处于传统发展阶段的为3家，处于初等质量发展阶段的为10家，处于中等质量发展阶段的为15家，处于高质量发展阶段的为6家；在天津，处于初等质量发展阶段的为4家，处于中等质量发展阶段的为9家，处于高质量发展阶段的为3家；对于河北地区，处于初等质量发展阶段的为34家，处于中等质量发展阶段的为12家，处于高质量发展阶段的4家。

表4-19　京津冀100家物流企业高质量发展状况表

地区	传统发展阶段	初等质量发展阶段	中等质量发展阶段	高质量发展阶段
北京	3	10	15	6
天津	0	4	9	3
河北	0	34	12	4
总计	3	48	36	13

通过对京津冀各地区物流企业高质量发展一级指标的对比（表4-20），可以看出北京和天津在综合质效、过程能力、资源能力方面均高于河北，这主要得益于两地处于经济、政治、交通中心，消费能力和创新能力直接推动着物流企业快速成长，所以北京和天津呈现出相同的发展态势，处于较高质量阶段，河北在北京和天津辐射作用下也在快速发展。

表4-20　京津冀各地区物流企业高质量发展一级指标对比

地区	综合质效	过程能力	资源能力
北京	0.71	0.70	0.72
天津	0.70	0.69	0.73
河北	0.66	0.60	0.68
京津冀	0.69	0.66	0.71

3. 京津冀物流企业高质量发展综合质效得分高

在表 4-21 中，处于高质量发展阶段的物流企业在综合质效、过程能力和资源能力上均有较高的得分。在综合质效中，处于不同阶段的物流企业均有较高得分，但在过程能力和资源能力方面有较大的差距，处于不同阶段的物流企业在保持综合质效的同时，均应该加强资源能力和过程能力的发展。

表 4-21　物流企业高质量发展阶段一级指标对比

发展阶段	综合质效	过程能力	资源能力
高质量发展阶段Ⅳ	0.92	0.88	0.91
中等质量发展阶段Ⅲ	0.87	0.81	0.83
初等质量发展阶段Ⅱ	0.75	0.65	0.71
传统发展阶段Ⅰ	0.65	0.49	0.53

在表 4-22 中，企业质效得分最高，而在社会质效、生态质效、社会质效出现了明显的差距，因此物流企业在充分发展经济的同时也更加应该注重物流、生态和社会的发展，尤其是物流质效的发展。生态质效和社会质效是一个较为漫长的发展过程，物流企业应该加强服务质量，提高客户满意度，在作业过程中应该积极采用新的能源，为社会作出贡献，提高区域经济贡献率。

表 4-22　综合质效指标各阶段对比

发展阶段	物流质效	生态质效	社会质效	企业质效
高质量发展阶段Ⅳ	0.89	0.85	0.8	0.89
中等质量发展阶段Ⅲ	0.83	0.73	0.70	0.87
初等质量发展阶段Ⅱ	0.65	0.60	0.55	0.80
传统发展阶段Ⅰ	0.55	0.33	0.49	0.72

4. 京津冀物流企业在过程能力、资源能力中具有差异性

在表 4-23 中，处于Ⅲ、Ⅳ阶段的京津冀物流企业在过程能力和资源

能力明显高于Ⅰ、Ⅱ阶段。研究分析发现，不同阶段的物流企业均重视作业与服务能力。Ⅰ、Ⅱ阶段的物流企业在企业文化建设、创新经费投入方面与Ⅲ、Ⅳ阶段物流企业存在明显差距，市场开拓能力较差，被大型物流企业进一步抢占市场以及自身人才与创新能力弱，导致Ⅰ、Ⅱ阶段物流企业成长能力较差。所以中小企业应该加快自身改革速度。

表 4-23　过程能力各阶段对比

发展阶段	成长过程	支撑过程	核心过程
高质量发展阶段Ⅳ	0.89	0.91	0.87
中等质量发展阶段Ⅲ	0.85	0.87	0.81
初等质量发展阶段Ⅱ	0.76	0.81	0.76
传统发展阶段Ⅰ	0.58	0.56	0.61

5. 成长过程、物质资源等成为京津冀物流企业高质量发展短板问题

成长过程、人力资源、物质资源、信息资源成为Ⅰ、Ⅱ阶段物流企业的主要难题。在表 4-24 中，Ⅰ、Ⅱ阶段物流企业在人力资源、物质资源、经济资源、信息资源的资源能力较差，主要表现在以下三个方面：首先，中小企业缺少顶尖的知识人才，企业员工学历较低且创新能力较弱，并不能给企业带来实质性的突破；其次，自身物流设施设备不完善，业务辐射范围较窄，资金周转速度较慢，没有多余的资金搞研发、搞创新；最后，中小企业没有完善的物流系统，信息丰度小，自有信息系统建设成熟度低，多是依靠大型企业的信息系统。

表 4-24　资源能力指标各阶段对比

发展阶段	信息资源	经济资源	物质资源	人力资源
高质量发展阶段Ⅳ	0.91	0.94	0.90	0.93
中等质量发展阶段Ⅲ	0.87	0.90	0.87	0.86
初等质量发展阶段Ⅱ	0.70	0.83	0.69	0.80
传统发展阶段Ⅰ	0.55	0.69	0.5	0.50

六、京津冀物流企业高质量发展对策与建议

（一）加强组织，创新京津冀物流企业高质量发展体制与机制

1. 加大物流企业高质量发展政策支持

京津冀三地政府应紧跟物流企业高质量发展的新形势和新要求，进一步完善支持物流企业发展的一系列政策措施。落实和完善支持物流企业发展的用地政策，积极支持物流企业利用工业企业旧厂房、仓库和存量土地等资源提供物流服务，涉及原划拨土地使用权转让或者租赁的，应按规定办理土地有偿使用手续。认真落实物流企业相关税收优惠政策，减轻税收负担。结合增值税立法，积极研究统一物流企业运营各环节增值税税率问题。调整完善收费公路政策，科学合理确定车辆通行费标准。研究配送车辆进入城区作业的相关政策，完善城市配送车辆通行管控措施。逐步有序取消政府还贷二级公路收费。贯彻落实《道路运输车辆技术管理规定》，取消营运车辆二级维护强制性检测。

2. 建立公平开放规范的市场秩序

打破条块分割和地区封锁，减少行政干预，清理和废除妨碍京津冀三地统一市场和公平竞争的各种规定和做法，进一步完善京津冀物流企业市场准入制度，建立统一开放、竞争有序的京津冀物流服务市场。在确保物流企业生产运营安全的基础上，清理、归并和精简具有相同或相似管理对象、管理事项的物流企业和物流从业人员的证照资质，加强事中事后监管。加强对物流市场的监督管理，完善物流企业和从业人员信用记录，将其纳入国家统一的信用信息平台。增强企业诚信意识，建立跨地区、跨行业的联合惩戒机制，加大对失信行为的惩戒力度。加强物流信息安全管理，禁止泄露转卖客户信息。加强物流服务质量满意度监测，开展安全、诚信、优质服务创建活动。鼓励企业整合资源、加强协作，提高物流市场集中度和集约化运作水平，减少低水平无序竞争。加强对物流业市场竞争

行为的监督检查，依法查处不正当竞争和垄断行为，切实维护公平竞争的行业市场秩序。

3. 培育大型龙头物流企业

进一步健全和完善支持京津冀物流企业做强做大的扶持政策，培育一批网络化、规模化发展的大型物流企业。鼓励物流企业通过参股控股、兼并重组、协作联盟等方式做大做强，形成一批技术水平先进、主营业务突出、核心竞争力强的大型现代物流企业集团，通过规模化经营提高物流服务的一体化水平，形成大小物流企业共同发展的良好态势。支持物流企业整合资源，与民航、铁路、公路等企业联动发展，构建覆盖城乡的快递物流服务网络。建立并完善京津冀物流企业激励考核制度，对京津冀大小物流企业经营水平排序，遴选出创新能力较强、在细分领域有较强影响力的企业，利用这些骨干企业做好物流企业高质量发展的示范工作，强化示范效应，不断增强其对区域物流产业的影响力和带动力。

（二）优化资源配置，完善京津冀物流企业服务功能

1. 加快完善京津冀物流企业标准工作

在政府支持和鼓励下，物流行业协会应进一步深入开展调查研究，完善京津冀物流领域的相关技术标准和管理标准，参与或制定针对安全和环境责任的强制性标准以及针对物流作业和服务的用语标准等，为物流企业建立科学规范的业务流程操作标准。加强物流企业货物的分拣、装卸、搬运过程的标准化、规范化建设，实现计量标准、包装标准、装卸标准一体化，为京津冀物流企业标准化、规范化打下基础。同区域内物流企业合作，积极展开服务标准和信息标准的推广研究，推进物流业标准化信息服务平台建设，不断完善服务标准和规范，构建以行业指导为导向的物流企业标准。积极探索碳排放的统计核算技术，加快制定物流企业发展的碳排放标准。

2. 提供科学、针对性咨询服务

根据京津冀物流企业的需要，为企业排忧解难，提供必要的政策咨询

和各类经济、技术、文化中介服务。通过组织不同领域的专家、学者，形成稳定的咨询队伍，为物流企业提供专业咨询。收集、提供物流行业的各类信息，成为信息的集散中心，满足京津冀各类物流企业的需求，更好地发挥行业协会的桥梁和纽带作用，利用研讨会、行业网络化管理体系、简报或专业杂志等组织物流企业相互交流经验、互通情况，为企业间的联系牵线搭桥。根据政策导向、科技发展的实际和京津冀物流企业市场竞争状况，当好政府的参谋，建立与政府的对话机制，及时反映物流企业的呼声和利益要求，寻求政府对物流企业发展的支持，为政府和企业做好服务工作。

3. 引导物流企业规范管理

组织京津冀物流企业调查，及时向政府有关部门反映物流企业情况，提供政府宏观调控决策建议，协调京津冀物流产品和服务价格，通过各种形式对物流企业产品和服务的质量、价格等实行市场监督，维护京津冀物流行业的市场秩序，反对并制止不正当的竞争行为。根据物流行业特点，在充分民主协商的基础上制定京津冀地区的行规行约，规范物流企业行为，促进物流企业的发展。鼓励物流行业协会健全和完善各项行业基础性工作，积极推动行业规范自律和诚信体系建设，推动行业健康发展。支持优秀物流企业申报国家物流标准化试点示范企业，倒逼中等质量发展阶段物流企业逐步开展物流标准化工作，从而不断规范京津冀物流企业发展。

4. 倡导企业绿色发展理念

物流行业协会应大力倡导绿色发展理念，加强低碳发展的教育和宣传力度，提高企业的环保意识，组织企业人员进行环保培训，鼓励企业提高资源利用率和生产效率，在储存、装卸、包装、流通加工、运输和配送的过程中，对不可再生资源和高价值资源进行充分利用和反复利用，减少物流环节过度包装和间接使用有毒化学物质。通过采用共同配送方式有效提高车辆装载率，达到节省人力资源和运输资源的目的，并减少污染排放。鼓励企业设立专项资金对节能或其他方面的“生态效率”进行投资，向其宣传实质性的回报以降低企业成本。将生态可持续发展的理念引入到企业高质量发展战略，帮助企业降低风险、提高盈利。加强行业监管，严格执行标准，通过碳排放量多少对企业进行排名，引导物流企业自觉减少碳排放。

（三）保护生态，提高京津冀物流企业社会效益

1. 提高企业生态竞争力，降低运营成本

对京津冀物流企业高质量发展而言，以生态可持续性为核心的环境的可持续性已经成为企业战略和市场成功的重要因素。想要保持生态竞争力，获得可持续发展的能力，就要提高资源利用率和生产效率，在储存、装卸、包装、流通加工、运输和配送的过程中，对不可再生资源和高价值资源进行充分利用和反复利用，扩大新能源汽车的使用规模。减少过度包装、装饰和间接使用有毒化学物质，节省大量用于监管和管理的成本。设立专项资金对节能或其他方面的“生态效率”进行投资，以期得到实质性的回报，降低成本。同时，京津冀物流企业还需要有系统的企业政策、严格的成本分析、科学的风险评估。对于京津冀物流企业来说，将生态可持续发展的理念引入到企业高质量发展战略，可以帮助降低成本、降低风险、提高盈利，所有这些都有助于京津冀物流企业在高质量发展中获得竞争优势。

2. 树立良好的企业形象，提高社会效益

良好的形象是实现京津冀物流企业高质量发展的重要支撑，京津冀物流企业高质量发展需要赢得利益相关方和社会的高度利益认同、情感认同和价值认同，获得广泛的社会尊重和影响力。第一，转变京津冀物流企业形象塑造的方式，由以往企业自我认知视角转向外部利益相关方和社会视角，由以往封闭式自我塑造转变为外部参与式塑造，由以往只强调“做”转变为“做”与“说”同步推进。第二，塑造具有高度责任感和卓越责任绩效的企业形象，以战略性企业社会责任、共享价值、社会创新、共益企业等范式开展社会责任实践，积极推动社会责任议题嵌入和管理嵌入，创

造高水平的利益相关方价值和社会价值。第三，塑造透明开放、友好互动的企业形象，以增进利益相关方和社会公众的亲近感、体验感、认同感为着眼点，建立并完善透明度管理体系，创新社会沟通载体、方式和渠道，塑造具有高认知度、知名度和美誉度的一流物流企业品牌，提升品牌资产与品牌价值，增进顾客的品牌忠诚度。

（四）塑造京津冀物流企业优秀文化，培育物流专业人才

1. 完善组织文化内容，打造优秀企业文化

京津冀物流企业要想取得高质量发展，保持基业长青，构建和完善优秀的企业文化尤为重要。可以从精神文化、行为文化、制度文化、物质文化四个方面构建京津冀物流企业文化。一是精神文化层面，要让全体员工明晰企业的愿景、使命、核心价值观，清楚企业和个人的战略目标，即我是谁？我从哪里来？我要到哪里去？要让全体员工的个人战略目标与企业战略发展目标相辅相成、相得益彰。二是行为文化层面，包括公共关系规范、企业行为规范、服务行为规范、人际关系规范等。三是制度文化层面，包括企业领导体制、企业组织结构和管理规章制度，业务操作流程、纪律规定、经济责任制、考核奖惩等。企业的制度文化层面是行为文化层面得以贯彻执行的保障。四是物质文化层面，包括企业产品、企业工作环境、产品包装与设计、企业标识等。京津冀物流企业可以针对以上四方面对企业文化进行完善和补充，打造高质量的物流企业文化。

2. 大力宣传优秀企业文化，增强组织团队意识

京津冀物流企业需要通过多种途径将企业文化宣传到每一位员工的心中，企业文化理念只有深入人心，才有存在的价值。一要分发企业文化手册，做到员工人手一册。二要通过企业誓词、歌曲将企业文化逐渐渗入人心。三要张贴企业文化宣传标语。将企业文化标语张贴在公司办公室、楼道等员工经常路过的地方及其他显著位置，潜移默化地影响员工。四要与时俱进，利用新媒体大力宣传企业文化。例如通过微信、企业官网、企业公众号、快手、抖音等媒介对企业文化进行全方位宣传。五要树立先进典

型。通过先进典型案例，给员工树立形象化的行为标准。京津冀物流企业只有通过多种方式，加强企业文化建设，才能形成全体员工共同遵循的企业观、工作观、价值观，才能增强员工的积极性、主动性、创造性，才能形成强大的凝聚力，推动企业阔步前行，实现高质量发展。

3. 深化内部培训，加强行业培训

京津冀物流企业应该建立以企业内部培训为主、外部培训为辅的双层培训体系。对企业内中、低层物流从业人员进行内部培训，培养更加符合企业发展的从事具体物流活动的操作人员或管理人员，对富有实践经验的高级管理优秀人员，通过脱产或半脱产的学习形式，进行相关物流理论研究、物流应用分析、物流专题讨论、物流项目策划和物流论文写作等较高层次的培训，为企业加速培养一批知识、能力和素质优秀的高级物流管理人才。积极发挥相关行业协会的作用，物流行业相关协会可以实时全局把握整个行业的发展动向，对物流企业具有指导和协调作用，还应定期或不定期召开行业发展论坛、项目洽谈、产学研对接、信息技术和管理经验交流等，为物流企业高质量发展提供全方位指导。

七、总结与展望

（一）总结

本章在总结分析 2011—2019 年国内外企业发展评价指标体系以及物流企业高质量发展的相关文献的基础上，明确了京津冀物流企业高质量发展的内涵与特点，通过实地考察和问卷调查，明确了京津冀物流企业高质量发展的影响因素；接着根据全面性、代表性、系统性的原则，构建了京津冀物流企业高质量发展评价体系，运用调查问卷和因子分析等方法，随机选取了 100 家京津冀地区物流企业作为样本进行实证分析。最后，根据相关指标数值，提出了创新京津冀物流企业高质量发展体制机制，优化资源配置，完善企业服务功能，保护生态，提高企业社会效益，培育物流专业人才等政策建议。本章期望将京津冀物流企业高质量发展评价指标体系运用到案例企业中，建立高质量发展的评价体系，帮助京津冀物流企业更好地找准发展方向，提高企业竞争力，为京津冀地区制定高质量发展的政策提供一定的科学依据，保证京津冀物流企业高质量发展。

（二）创新点与不足

1. 创新点

一是研究视角创新。随着经济高质量发展的推进，物流高质量作为经济高质量发展的重要组成部分，日益引起社会各界重视。同时，京津冀协同发展是国家的一个重要发展战略，如何推进京津冀协同发展一直是研究热点。为此，本研究将两者进行有机结合，从京津冀物流企业高质量发展这一研究视角出发，符合时代特点，拥有极高的理论及现实意义。二是研究内容创新。本研究基于企业成长、质量管理等相关理论思想，探讨了物流企业高质量发展内涵以及影响因素，从投入、过程、产出三个方面构建了京津冀物流企业高质量发展评价体系，并通过调查问卷和因子分析等方法进行指标体系的检验，对京津冀物流企业高质量发展进行了评价，在内容上进行了创新。

2. 不足之处

京津冀物流企业高质量发展涉及多方面知识，由于自身研究能力、数据资料来源和时间精力等限制，本研究还存在多方面的不足，需要在以后的研究中进行补充和完善。一是构建的京津冀物流企业高质量发展评价体系和理论分析框架需要进一步充实，鉴于数据的获得主要依靠统计年鉴和国家统计局公开的数据，选取指标的数量有限。随着物流企业数据的完善，指标选取也将更加全面具体，京津冀物流企业高质量发展评价的指标也更具代表性和说服力。二是研究过程中剔除的指标还具有进一步的研究价值。物流企业高质量发展涉及面广，还可以进一步深入研究物流企业与京津冀物流高质量发展的各因素之间的相互作用关系。

（三）展望

本章通过对现有理论的分析与归纳，利用多种方法对京津冀物流企业高质量发展进行了相关评价，并进行了实证数据分析。但针对京津冀物流企业高质量发展评价研究还有很多的工作需要开展，如可进一步研究京津冀物流企业高质量发展动力机制、京津冀物流企业高质量发展路径与策略、京津冀物流企业高质量发展模式等，本章仅为后续的研究工作提供理论探讨基础与依据，并希望能够为未来物流企业高质量发展评价理论的发展起到抛砖引玉的作用。

参考文献

[1] 杨波．国有企业高质量发展评价指标体系分析［J］．会计之友，2019（23）：45-49.

[2] 罗佐县，邓程程，刘红光．油气行业高质量发展评价指标体系构建及应用［J］．当代石油石化，2019，27（09）：5-11，24.

[3] 刘谷金．中小企业发展能力评价指标体系初探［J］．湖南财政经济学院学报，2011，27（03）：151-154.

[4] 邢文杰，张德超．欠发达地区小微企业发展能力评价指标体系研究［J］．人民论坛，2013（08）：82-83.

[5] 刘明敏，苏柳柳．中小企业集群发展潜力评价指标体系的构建［J］．企业研究，2013（02）：22-23.

[6] 刘志国．企业发展潜力评价指标体系的构建［J］．经济研究导刊，2014（10）：10-13.

[7] ZOTOVA AS，KANDRASHINA EA，IVLIEV AD，CHARAEVA MV. Evaluation methods basis of strategy development effectiveness of the enterprise［J］. International Journal of Environmental and Science Education. 2016；11（14）：6715-6725.

[8] 高波，秦学成．中小企业可持续发展能力的评价体系与方法［J］．统

计与决策，2017（08）：178-181.

[9] 叶堂林，卢燕，潘鹏，等．京津冀企业发展指标体系构建与测度［J］．领导之友，2017（09）：59-74.

[10] 王子菁，张玉明．契合新需求的小微企业发展能力评价体系研究［J］．东岳论丛，2017，38（09）：186-192.

[11] 陈才，周先东，富望龙．基于互联网大数据的制造业企业高质量发展评价指标体系及方法研究——以重庆上市企业为例［C］//中国统计教育学会．2018年（第六届）全国统计建模大赛论文集．中国统计教育学会：中国统计教育学会，2018：161-186.

[12] 骆春莲．对建立烟草商业企业高质量发展评价指标体系的几点思考［J］．中外企业家，2018（22）：136.

[13] 徐创海．大型国有油气企业高质量发展评价指标体系研究［J］．当代石油石化，2019，27（04）：42-46.

[14] 江小国，何建波，方蕾．制造业高质量发展水平测度、区域差异与提升路径［J］．上海经济研究，2019（07）：70-78.

[15] MISZTAL，ANNA. Sustainable development of transport enterprises in Poland-Statistical assessment.［J］. Logistics & Transport. 2019，Vol. 42 Issue 2，57-64. 8.

[16] 何黎明．推进物流业高质量发展面临的若干问题［J］．中国流通经济，2018，32（10）：3-7.

[17] 魏贵军．高质量成物流业发展的突出特征［J］．中国物流与采购，2018（24）：20.

[18] 李晓丹．我国物流高质量发展的路径选择［J］．物流工程与管理，2018，40（12）：11-13.

[19] 汪鸣，陆华．论我国物流产业高质量发展的趋势与路径［J］．中国物流与采购，2018（20）：54-57.

[20] 王微，李汉卿．物流高质量发展是壮大国内市场的基础和有力支撑［J］．大陆桥视野，2019（03）：28-30.

[21] 杨守德．技术创新驱动中国物流业跨越式高质量发展研究［J］．中国流通经济，2019，33（03）：62-70.
[22] 李瑞吉．电子商务环境下推动物流业高质量发展的策略研究［J］．商业经济研究，2019（12）：174-176.
[23] 王佐．谈物流研究的实践性——“高质量发展”转型战略解读［J］．中国物流与采购，2019（01）：32-33.
[24] 陈方健．也谈推进我国物流业高质量发展［J］．物流技术，2019，38（07）：1-4，88.
[25] HUANGY，LIQ，WANGX，WANGH. Lean path for high-quality development of Chinese logistics enterprises basedon entropy and Gray Models.［J］. Entropy. 2019，21(7)：641.
[26] 李金昌，史龙梅，徐蔼婷．高质量发展评价指标体系探讨［J］．统计研究，2019，36（01）：4-14.
[27] 黄速建，肖红军，王欣．论国有企业高质量发展［J］．中国工业经济，2018（10）：19-41.
[28] 王微，李汉卿．多措并举推动物流高质量发展［J］．物流技术与应用，2019，24（04）：64-65.
[29] 崔志新，陈耀．京津冀协同发展的阶段成效与高质量发展对策［J］．城市，2019（03）：12-19.

本章作者：魏国辰　郝丹阳　郭豪豪　董　希　宋　蓉　李明珠

第五章

京津冀物流规制研究

物流一体化发展是京津冀协同发展的先导，京津冀物流业协同发展既要坚持市场主导，又要加强政府规制和引导。政策和法律是京津冀物流业规制的主要依据，京津冀物流业协同发展的关键是推进京津冀物流政策和法律规则的协同，充分发挥政策和立法对京津冀物流业协同发展的引领、推动和保障作用。在京津冀物流业协同发展过程中，已经初步形成了助力京津冀物流业协同发展的政策和法律体系。特别是京津冀协同发展上升为国家战略以来，京津冀三省市立法机关积极探索协同立法工作机制，取得了初步的成果，主要体现在三地立法机关加强了立法工作的沟通与协调，进行重点立法项目联合攻关，完成了《河北省道路运输条例》等协同立法任务。但是，相关的政策和立法工作仍然滞后于京津冀物流业协同发展的实践需求，政策与立法的作用还不够均衡，表现为政策推进为主，立法引领不足。就政策方面而言，政策较为分散，合力不足，权威性较差，缺乏京津冀物流业协同发展的纲领性政策和规划。就法律方面而言，京津冀协同立法的上位法依据尚不充分，协同立法仍处于初级阶段，同时还存在着立法节奏不同步、内容不协调、标准不统一等问题。因此，应当加强政策的顶层设计，制定实施京津冀物流业协同发展的纲领性政策，加强物流业重点领域政策和法律供给，及时将原则性较强的政策纲要、理念目标转化为具有可操作性的立法，为京津冀物流业协同发展提供充分的制度支撑。同时要加大中央立法的支持，为京津冀物流业协同发展提供上位法依据，构建京津冀协同立法长效机制，为京津冀物流业协同发展提供法治化保障。

一、导论

（一）物流一体化发展是京津冀协同发展的先导

发展现代物流业的重要意义已经在各国政府和学界形成广泛的共识。在经济理论上，物流业被誉为经济领域的“黑大陆”[①]，是企业的“第三利润源”[②]。我国政府也高度重视物流业的发展，在相关的政策文件中将物流业定位为“支撑国民经济发展的基础性、战略性产业”，并且是“融合运输、仓储、货代、信息等产业的复合型服务业”[③]。

推动京津冀协同发展是一个重大国家战略，2015 年 4 月中共中央政治局审议通过的《京津冀协同发展规划纲要》要求加快破除体制机制障碍，构建京津冀协同发展的体制机制，并提出要在京津冀交通一体化、生态环境保护、产业升级转移等重点领域率先取得突破。我国物流业发展的战略定位和发展要求与《京津冀协同发展规划纲要》的内在精神是高度契合的，物流一体化发展是京津冀协同发展的先导，也是需要率先取得突破的重点领域之一。

首先，京津冀交通一体化建设为物流一体化发展奠定了安全、便捷、高效的基础设施，是实现物流活动中互联互通、货畅其流的基础条件，同

---

① 美国管理学家彼得·德鲁克 1962 年在《财富》杂志上发表了题为《经济领域的黑色大陆》一文，这个所谓的“黑大陆”主要针对物流而言。德鲁克用“黑大陆”来强调人们对物流的认识还比较少，实践中可探索的东西较多，挖掘的潜力较大。

② “第三利润源”学说最初是由日本早稻田大学教授西泽修提出的，是对物流潜力及效益的描述。

③ 参见《国务院关于印发物流业发展中长期规划（2014—2020 年）的通知》（国发〔2014〕42 号）。

时京津冀物流一体化发展的需求也会助推京津冀交通一体化建设。国家发展改革委、交通运输部2015年12月联合印发的《京津冀协同发展交通一体化规划》，标志着京津冀一体化综合交通运输体系的建设必将为京津冀物流一体化发展提供强有力的支撑。

其次，现代物流业的发展和兴盛在推动经济发展的同时，也产生了资源消耗、环境污染等外部负效应。京津冀地区是我国环境污染较为严重的区域之一，生态环境保护任务艰巨，京津冀生态环境联防、联控、联治成为京津冀协同发展的重要抓手，并已经在大气污染防控等领域建立协同治理机制。因此，京津冀区域加强物流产业协作，大力推广物流节能环保技术，鼓励采用低能耗、低排放运载工具，共同推动绿色物流发展，也是京津冀物流一体化发展的重要任务。

最后，疏解首都非核心功能是推动京津冀协同发展的“牛鼻子”，依照首都的城市战略定位和新的产业政策，部分传统物流业态发展会受到严格限制并要有序疏解，津冀两地也要根据各自的战略定位、发展规划和产业政策，实现物流业的转型升级和高质量发展。因此，建立京津冀三地物流业的区域协作和联动发展机制，也是推动京津冀物流业协同发展的重要目标之一。

总之，要实现京津冀协同发展的目标，京津冀三地就应按照优势互补、错位发展、平等开放、互利共赢的原则，“大力推进基础设施互联互通、产业发展互补互促、资源要素对接对流、公共服务共建共享、生态环境联防联控，携手打造京津冀协同发展的命运共同体。”[1]而物流一体化发展是京津冀协同发展的先导，需要在物流基础设施建设上实现互联互通，共同促进绿色物流发展，更需要在物流业发展上互补互促，共同推进产业升级转型，构建平等互利的新型合作机制。

（二）政策和法律是京津冀物流业规制的主要手段

“规制”一词来自英文“regulation”①，是政府规制理论和规制经济学

① 由于学界对“regulation”一词的理解并不统一，所以亦有将其译为“规制”“管制”“调节”等的译法。

中最重要的一个概念。日本学者植草益将“regulation”翻译为日文的“规制”，并认为规制是指依据一定的规则对构成特定社会的个人和构成特定经济的经济主体的活动进行限制的行为[2]。由于政府规制涉及政治学、经济学、法学等诸多领域，国内外学者对政府规制的内涵和外延的理解存在一些差异，但是一般都认为政府规制存在的必要性是源自市场经济存在的所谓“市场失灵”现象，“政府规制的基础是市场经济和法治的制度环境，其逻辑起点是修正市场机制的结构性缺陷，避免市场经济可能给社会带来的弊端”[3]。同时，一般都承认规制的主体是政府或社会公共机构，规制的客体主要是企业等经济主体，政府规制的主要手段则是凭借政府的权威制定和实施的各种规则、制度，迫使或者激励相关的利益主体按规则、制度行事。而政府制定和实施的这些规则、制度最常见的表现形式就是法律和政策。

区域经济发展差距大、发展不平衡实质上是市场失灵的表现之一，单靠市场机制的作用只会扩大区域发展不平衡现象。经济条件优越，发展起点高的地区，越能吸引各种优质的资源，发展也越有利。相反，经济条件差，发展起点低的地区，发展也越不利，最终导致区域经济发展差距越来越大。而单靠市场的自动调节作用无法实现区域经济的协调、平衡发展，需要由政府规制政策措施加以调节和干预，促进区域经济协调发展，这也是我国京津冀协同发展战略出台的背景之一。京津冀物流业发展的现状，同样存在着区域物流基础设施条件相差较大，区域物流发展水平差距较大等问题，同时还存在着区域物流市场的分割和地方保护等问题，也同样需要加强政府规制力度，以政策和法律手段打破行政区域壁垒，推动物流基础设施互联互通，清除市场障碍，促进区域物流资源有效配置，提高区域物流一体化高质量发展。如国家发展改革委、交通运输部出台的《京津冀协同发展交通一体化规划》就是推进区域交通一体化，促进区域经济协调发展的重要措施之一。

根据规制对象的不同，规制通常分为经济性规制和社会性规制。其中经济性规制主要针对存在垄断和信息不对称问题的行业，目的在于提高资源配置效率，确保公平。政府通常利用法律，通过许可、认可等各种手段，对企业的市场准入、价格、质量及投资、财务会计等方面的活动进行规制；而社会性规制主要目的在于确保劳动者和消费者的安全、健康、卫生以及保护环境、防止公害等，以增进国民福利，主要通过设立相应标准、发放许可证或收取费用等方式进行，主要体现在安全性规制、环境规制等方面。20 世纪 80 年代以来，随着规制改革，世界各国在放松经济性规制的同时，加强了对安全、环保等领域的社会性规制。京津冀物流业的规制，同样既有经济性规制也有社会性规制。其中既包含了政府对某些物流行为的限制，也包含了政府对物流业的保护、扶植以及产业结构调整和升级转型等，实现这些规制的主要手段就是政策和法律。如从事道路运输经营业务，依照《中华人民共和国道路运输条例》，经营者既要具备规定的基本条件，取得相应的经营许可（经济性规制），又要保证环境卫生和货物运输安全（社会性规制）。

因此，本章研究的京津冀物流规制问题，将主要聚焦于京津冀物流协同发展过程中政府规制的政策和法律现状、存在的问题及其完善对策，为京津冀物流一体化发展奠定政策和法律基础。

（三）京津冀物流业协同发展的关键是政策和法律的协同

京津冀物流的协同发展是一个系统工程，在京津冀物流一体化发展过程中，“既要重视产业、运输、通信等硬件设施的建设落实，更要重视体制、机制、规划、政策等软件体系的完善优化。”[4] 因此，京津冀物流协同发展目标的实现，不仅仅依赖于物流基础设施规划建设的协同，更关键的是政策的协同和法律规则的协同。

首先，市场经济就是法治经济，离开统一、完善的法律制度环境，任何产业都不可能获得健康有序的发展，现代物流业的发展、繁荣和兴盛也离不开良好的政策和法治环境。现代物流业的发展需要一个统一开放、竞争有序的市场环境，以利于物流要素的自由流动，提高物流效率，降低物流成本。这就要求改革传统的物流管理体制，打破条块分割管理体制下造成的部门分割、行业分割和地区封锁，反对垄断和制止不正当竞争，发挥市场在物流资源配置中的决定性作用。同时，也要更好地发挥政府的作用，统筹城乡之间、区域之间、国内国际之间的物流发展，建立有利于物流业发展的体制机制。这就需要政府政策的协调、引导和法律的规制、约束，通过政策设计和法律制度安排冲破利益固化的藩篱和地方保护主义的羁绊，消除市场壁垒和恶性竞争，促进区域物流共同发展。

其次，京津冀协同发展既是一个重大国家发展战略，同时也是一项重大改革创新战略。京津冀协同发展承担着探索人口经济密集地区优化开发新模式和调整优化区域经济结构、空间结构的重要历史使命，需要解决的问题千头万绪，需要解决的难题前所未有，也没有现成成熟经验可供借鉴和遵循。我国改革开放四十多年的历史表明，政策的先行先试和立法的引领、推动和保障是重大改革有效推进的重要历史经验。2014 年中共中央发布的《关于全面推进依法治国若干重大问题的决定》（2014 年 10 月 23 日中国共产党第十八届中央委员会第四次全体会议通过）明确指出，要“坚持立法先行，发挥立法的引领和推动作用”，“实现立法和改革决策相衔接，做到重大改革于法有据、立法主动适应改革和经济社会发展需要”。京津冀协同发展的战略背景下，物流一体化发展是京津冀协同发展的先导，同时也承担着探索区域物流协同发展的改革任务。政策协同、立法协同是推进京津冀物流协同发展的有力保障，也是推进京津冀物流协同发展的必然需要。因此，推进京津冀物流业协同发展的关键是要在尊重市场规律的基础上，充分发挥政府的作用，重视对京津冀物流业发展的政府规制，重点是推进京津冀物流政策的协同和法律规则的协同，充分发挥政策和立法对京津冀物流协同发展的引领、推动和保障作用。

最后，政策协同和立法协同是推进京津冀物流协同发展的重要途径。由于历史和区位的原因，京津冀三地经济发展水平差距较大，体现在物流业上也是如此，京津冀三地物流基础条件相差较大，发展水平落差较大。同时，由于发展规划上的各自为政，发展定位不明确，也导致了三地物流业发展一定程度上存在地方保护、市场壁垒和同质化竞争等问题，物流一体化发展存在着较大的障碍和困境。缩小京津冀经济发展差距也是京津冀协同发展的重要目标之一，造成河北与京津巨大差距的主要原因是政策落差大。“北京和天津处于政策的高地，河北处于政策的洼地，是京津冀协同发展中明显的短板，京津冀的协同发展，应该把拉平京津冀的政策差距作为协同发展的重要目标。”[5]因此，京津冀物流协同发展的重要途径就是强化京津冀区域物流政策和立法合作，减少物流政策和立法方面的冲突，理顺区域物流发展方面的政策法律体系，形成相对统一和谐的物流政策法治环境，助推京津冀物流业协同发展的有效落实。

二、文献综述

随着《京津冀协同发展规划纲要》的审议通过，京津冀协同发展上升为国家战略，京津冀协同发展，包括京津冀物流业的协同发展及其政策法律问题相关研究也逐步进入法学、管理学、经济学等相关学科的研究视野。相关研究领域较为广泛，涵盖了协同发展路径、功能定位、政策法治等问题。其中，与本章研究相关的文献主要集中在以下四个领域。

一是在政府规制基本理论方面。源于西方的政府规制理论，涉及经济学、管理学和法学，国内外研究成果较为丰富，并在产业规制实践得到了广泛的应用。但不同学者对政府规制的内涵和外延、政府规制的范畴等基本理论问题的认识并不统一。如植草益[3]认为政府规制是社会公共机构依照一定的规则对企业的活动进行限制的行为。余晖[6]认为规制是指政府的许多行政机构，以治理市场失灵为己任，以法律为根据，以大量颁布法律、规章、命令及裁决为手段，对微观经济主体的不完全公正的市场交易行为进行直接的控制和干预。夏大慰、史东辉[7]认为政府规制的目的是维护正常的市场经济秩序，提高资源配置效率，增进社会福利水平。

二是在京津冀物流业协同发展对策方面。20 世纪 90 年代以来，就有学者关注京津冀协同发展问题，比如吴良镛、毛其智[8]认为解决北京的城市综合负担过重问题，应从京津冀区域协调发展着眼。随着京津冀协同发展国家战略的提出和推进，学者们充分认识到京津冀物流业的协同发展是京津冀经济一体化发展的桥梁和纽带，具有先导性的作用，并就推动京津冀物流协同发展的战略对策、发展路径、建设重点和政策保障等展开了研究。史锦梅[9]认为物流一体化是京津冀协同发展的先导，京津冀三地应转变发展思路，出台针对性政策，依据各自优势，分工协同，形成各自不同的特色中心，走平等共赢之路。王爽[10]认为京津冀区域物流的集群发展需要通过顶层设计，打破行政区域的物流布局，形成信息同步、可持续发展、有核心竞争优势的大物流系统。刘东英、程姿[11]认为京津冀协同给区域内物流产业发展带来了新的机遇，三地政府要用好税收政策、财政政策、土地政策和产业政策，助力物流产业升级。张华[12]认为物流业是能源消耗和碳排放的大户，目前京津冀地区的环境污染日益加重，用政策开路，引导低碳物流发展，势在必行。

三是在物流业有关政策和法治建设方面。随着我国物流业的快速发展和转型升级，物流业成为我国国民经济的基础性、战略性产业。因此，物流业发展的政策和法治建设问题也逐步被经济、管理和法学学者共同关注，研究领域涉及物流立法的指导思想、物流法的范畴、物流法律体系构建与完善、国际物流政策立法比较和借鉴、物流法律适用以及绿色物流立法等诸多方面。比如陈金涛[13]认为要按照现代化和适当超前性的原则，出台现代物流发展的全国性产业规划和物流标准体系，整合、废除、修改和补充现有的法律法规，构建合理的物流法律制度。王金东、李志文[14]从分析物流法的范畴出发，提出了构建和完善我国物流法律体系的建议。孙秀梅、辛广茜[15]认为政府应完善绿色物流的管理，制定相关政策法规，以标准化促进绿色化。堀江正弘、孙前进[16]围绕日本的《综合物流政策实施大纲》，对日本的物流政策进行了梳理，总结了日本物流政策的经验、特征和对其的借鉴意义。孟琪[17]通过比较研究，借鉴发达国家的成功经验，预测了我国物流立法的未来发展方向。翁心刚、姜旭[18]认为应借鉴日本政府推动绿色物流发展的有益经验，完善绿色物流管理体制，制定物流环保法规，实施绿色物流税收政策。魏东[19]认为要大力推进低碳交通运输法律法规和标准体系建设，着力改善法制环境。张敏[20]通过物流法律适用的实证分析，探究了司法能动性在物流行业法存在的合法基础和实现物流法律适用统一的方法。

四是在京津冀协同发展，包括物流业协同发展的政策和法治保障方面。京津冀协同发展上升为国家战略以来，学者们都强调了政策和法治在京津冀协同发展中的重要作用。比如莫纪宏[21]认为京津冀协同发展的核心是利益问题，必须建立完善有力的法律制度来保障利益平衡以及利益取舍。孟庆瑜、刘显[22]认为京津冀协同发展必须坚持法治先行，通过法治建设凝聚发展共识、化解发展矛盾、保障发展秩序。随着京津冀立法协同机制、区域执法协同机制和司法保障机制的初步建立，学者们开始更多地进行深入研究，研究成果也日益丰富。比如焦洪昌、席志文[23]认为京津冀人大立法工作应当从确定立法规划到地方性法规的立、改、废、释，再到立法的交叉备案与立法后评估，开展区域协同，为实现京津冀协同发展提供有力的制度保障。孟庆瑜[24]认为区域协同立法在京津冀协同发展中意义重大，应该选择中央专门立法、地方协作立法和地方单行立法相结合的立法模式。同时，要建立京津冀区域立法协调机构，搭建京津冀区域立法信息交流共享平台，确立京津冀协同立法工作机制等保障机制。杨晖、贾海丽[25]认为京津冀协同立法应在继续加强顶层设计的基础上，坚持平等互利、梯次推进原则，由当前的松散型加快向紧密型过渡，建立专门立法协调机构，完善长效机制，发挥协同立法对京津冀协同发展的保障、规范、引领、推动作用。周悦丽[26]认为从整体政府治理理念出发，应当从立法的引领和规范、强化规划的法定性、执法协同机制的法治化、行政框架协议等方面，探索推进区域执法协同机制建设。张瑞萍[27]认为三地应通过协同立法的方式，协调不同的利益诉求，统筹解决交通内外发展问题，建立开放、公平的市场竞争机制，通过执行一体化的监管规则与实施统一的服务体系，实现区域交通法制的一体化。王娟、何昱[28]在分析了京津冀环境治理现状以及立法现状的基础上，从完善立法原则、立法主体、构建信息交流平台以及公众立法参与制度等方面提出建立区域立法机制，完善京津冀区域法律法规的路径。

从目前的研究文献看，随着我国物流业的快速发展，特别是京津冀协同发展上升为国家战略以来，学者们已经注意到政策和法律制度对于京津冀物流业协同发展的重要意义，并就京津冀物流业协同发展的对策、政策以及法治保障等相关问题开展了研究，并得出了一定的研究成果。但是总的来看，对于京津冀物流业协同发展的政策和法律基本现状、存在的问题尚缺乏系统的梳理和分析，对于如何构建京津冀物流业协同发展的政策法律体系尚缺乏具体的、有针对性的系统研究。

三、京津冀物流业规制现状

我国物流业的发展过程中，政府规制主要采取政策和法律手段。我国政府既重视政策的推动、引导作用，又重视立法的规制、约束作用。政策和法律总是发挥各自的特点和优势，相辅相成，共同作用于物流业发展的整个过程。京津冀物流业协同发展的过程，不但是物流基础设施的互联互通和物流市场的统一融合的过程，更是物流业政策和法律规则的协同一致、相互协调的过程。京津冀物流业是全国物流业的有机组成部分，京津冀物流业协同发展过程中，也要遵循物流业国家层面的政策和法律。因此，梳理京津冀物流业协同发展的政策和法律现状，需要梳理物流业国家层面的政策和法律，而且这些全国性的物流业的政策和法律当中，也往往蕴含着京津冀物流业协同发展的原则性要求。京津冀的地方性物流政策和法律承担着推动和落实京津冀物流业协同发展的重要任务，自然成为需要梳理的重要方面。

（一）与京津冀物流业有关的政策规制概况

以政策为先导，推动产业发展是我国改革开放以来的一条重要历史经验。实际上，作为京津冀协同发展顶层设计的纲领性文件，《京津冀协同发展规划纲要》本质上也属于政策性文件。我国物流业的发展，包括京津冀物流业的协同发展同样离不开政策的推动、引导，这些政策性文件既有国家层面的，也有地方层面的，涉及物流业发展的各个领域和环节，数量较为庞大，内容较为丰富。概括而言，主要有以下四类。

1. 国务院及国务院办公厅颁布的综合性、纲领性政策

中央政府颁布的物流业相关的政策文件中，既有以国务院名义颁布的，也有以国务院办公厅名义颁布的，但其颁布对象均为各省、自治区、直辖市人民政府，国务院各部委、各直属机构（国务院及国务院办公厅颁布的物流业主要政策文件详见表 5-1）。这些物流业政策性文件是级别最高、效力最强、权威性最高的，往往涉及物流业发展主要领域和重要方面，具有综合性、纲领性的特点，同时也是京津冀物流业协同发展中需要贯彻执行和具体落实的，而且这些政策性文件中往往也对京津冀物流业协同发展提出了原则性的要求，如国务院《关于印发物流业发展中长期规划（2014—2020 年）的通知》（国发〔2014〕42 号）中将“推进区域物流协调发展”作为重点发展任务之一，并明确要求“按照推动京津冀协同发展、环渤海区域合作和发展等要求，加快商贸物流业一体化进程。”

表 5-1　国务院及国务院办公厅颁布的物流业主要政策文件

发布日期	发文机关	发文字号	标　　题
2014-09-03	国务院	国发〔2014〕32 号	国务院关于促进海运业健康发展的若干意见
2014-09-12	国务院	国发〔2014〕42 号	国务院关于印发物流业发展中长期规划（2014—2020 年）的通知
2015-10-26	国务院	国发〔2015〕61 号	国务院关于促进快递业发展的若干意见
2016-06-21	国务院办公厅	国办发〔2016〕43 号	国务院办公厅关于转发国家发展改革委营造良好市场环境推动交通物流融合发展实施方案的通知
2016-09-13	国务院办公厅	国办发〔2016〕69 号	国务院办公厅关于转发国家发展改革委物流业降本增效专项行动方案（2016—2018 年）的通知
2017-04-21	国务院办公厅	国办发〔2017〕29 号	国务院办公厅关于加快发展冷链物流保障食品安全促进消费升级的意见
2017-08-07	国务院办公厅	国办发〔2017〕73 号	国务院办公厅关于进一步推进物流降本增效促进实体经济发展的意见

续表

发布日期	发文机关	发文字号	标　　题
2017-10-13	国务院办公厅	国办发〔2017〕84号	国务院办公厅关于积极推进供应链创新与应用的指导意见
2018-01-23	国务院办公厅	国办发〔2018〕1号	国务院办公厅关于推进电子商务与快递物流协同发展的意见

2. 国务院各部委和直属机构颁布的有关政策

由于物流活动衔接着生产与消费的全过程，贯穿第一产业、第二产业和第三产业，涉及众多领域和众多环节，国务院各部委及各直属机构当中的经济管理部门几乎都和物流业的发展密切相关。在我国物流业发展过程中，国务院相关的各部委（局）单独或联合制定了诸多促进物流业发展的产业政策和发展规划等文件，在京津冀物流业协同发展中，这些政策性文件也同样需要得到贯彻落实。特别值得注意的是，京津冀协同发展上升为国家战略以来，国务院相关的各部委（局）还颁布了一些与京津冀协同发展直接相关的政策性文件，以落实国家战略。

一是涉及物流业的规划性文件。涉及物流业的规划性文件，既有常规的五年规划，也有专项类的规划。比如在涉及物流业发展的"十三五"规划方面，就分别有商务部等5部门制定的《商贸物流发展"十三五"规划》（商流通发〔2017〕29号），国家发展改革委、国家粮食局①印发的《粮食物流业"十三五"发展规划》（发改经贸〔2017〕432号），以及国家邮政局发布的《快递业发展"十三五"规划》等。在专项类规划方面，有代表性的是2015年5月商务部等10部门联合印发的《全国流通节点城市布局规划（2015—2020年）》和2016年3月商务部等6部委制定的《全国电子商务物流发展专项规划（2016—2020年）》等。其中，《全国流通节点城市布局规划（2015—2020年）》中特别强调了"促进区域协调发展"，并且明确要求"推进京津冀市场一体化，支持北京商品批发市

① 2018年3月，根据第十三届全国人民代表大会第一次会议批准的国务院机构改革方案，将国家粮食局的职责整合，组建中华人民共和国国家粮食和物资储备局，不再保留国家粮食局。

场适度向河北、天津迁移，支持河北省打造全国现代商贸物流重要基地，合理布局和建设京津冀物流园区、交通场站，形成商品和要素顺畅流通、高效运转的区域市场体系。”

二是涉及物流业的专项政策措施。有关物流业的专项政策措施涉及物流业发展的诸多方面。比如为了加强和改进城市配送管理，2013 年 2 月交通运输部、公安部、国家发展改革委等 7 部委联合发布了《关于加强和改进城市配送管理工作的意见》；为了充分发挥交通运输在物流业发展中的重要作用，2013 年 6 月交通运输部发布了《交通运输部关于交通运输推进物流业健康发展的指导意见》；为了充分发挥信息化支撑和引领现代物流发展的重要作用，2013 年 1 月工业和信息化部发布了《工业和信息化部关于推进物流信息化工作的指导意见》；为了提高鲜活农产品运输车辆通行效率，交通运输部、国家发展改革委、财政部 2019 年 7 月发布了《关于进一步优化鲜活农产品运输“绿色通道”政策的通知》等。

三是京津冀物流业协同发展相关的政策性文件。为全面落实《京津冀协同发展规划纲要》，国务院相关部委和直属机构也有针对性地出台了一些与京津冀协同发展直接相关的政策性文件。这些政策性文件统筹谋划京津冀协同发展，加快编制和推动实施京津冀产业、交通、科技、生态环保等专项规划及通关、检验检疫一体化等工作方案。这些政策性文件，虽然并不是直接以物流业命名，但是与京津冀物流业协同发展工作密切相关，成为推动京津冀物流业协同发展的重要政策动力（表 5-2）。如 2015 年 12 月国家发展改革委、交通运输部联合印发的《京津冀协同发展交通一体化规划》，提出到 2020 年基本形成多节点、网格状的区域交通网络，到 2030 年形成“安全、便捷、高效、绿色、经济”的一体化综合交通运输体系。2016 年 2 月国家发展改革委印发了《“十三五”时期京津冀国民经济和社会发展规划》，这是全国第一个跨省市的区域“十三五”规划，并将互联互通、加快重大基础设施建设作为重点发展任务之一，重点是加快交通一体化建设，建设轨道上的京津冀，打造国际一流航空枢纽，构建世界级现代港口群等。这些规定均与京津冀物流业协同发展直接相关，成为京津冀物流业协同发展的政策依据。

表 5-2　国务院部委和直属机构颁布的京津冀物流业协同发展相关政策文件

发布日期	发文机关	发文字号	标　　题
2014-06-23	海关总署	海关总署〔2014〕45 号	关于开展京津冀海关区域通关一体化改革的公告
2014-06-12	国家市场监督管理总局	国质检通〔2014〕310 号	京津冀检验检疫一体化建设方案
2015-06-03	财政部、国家税务总局	财预〔2015〕92 号	京津冀协同发展产业转移对接企业税收收入分享办法
2015-12-08	国家发展和改革委员会、交通运输部		京津冀协同发展交通一体化规划
2015-12-03	中国银行保险监督管理委员会	保监发〔2015〕106 号	关于保险业服务京津冀协同发展的指导意见
2015-12-31	国家税务总局	税总发〔2015〕161 号	关于京津冀范围内纳税人办理跨省（市）迁移有关问题的通知
2016-02-14	国家发展和改革委员会		“十三五”时期京津冀国民经济和社会发展规划
2016-06-27	农业农村部、商务部、国家发展和改革委员会	发改经贸〔2016〕1361 号	京津冀农产品流通体系创新行动方案
2017-11-27	国家发展和改革委员会、民航局	发改基础〔2017〕2048 号	推进京津冀民航协同发展实施意见

3. 京津冀三省市地方性政策

京津冀协同发展是党中央的一项重大战略决策，《京津冀协同发展规划纲要》体现了中央的顶层设计，其落实、落地还需要京津冀三省市政府做出具体的部署安排，出台明确的实施方案，明确各自的功能定位、重点工作和保障措施。由于京津冀物流业协同发展与京津冀交通一体化、生态环境保护、产业升级转移等重点领域高度契合，因此，京津冀物流业协同发展也自然在京津冀三省市的地方性政策中具有重要的地位。

一是京津冀三地省市委和政府落实《京津冀协同发展规划纲要》的综

合性政策。京津冀三地省市委和政府是最重要的落实京津冀协同发展国家战略的责任主体，其出台的综合性政策具有宏观性、综合性，对京津冀物流业协同发展也具有指导意义。如 2015 年 7 月，北京、天津、河北省市委相继召开会议表决通过了《中共北京市委北京市人民政府关于贯彻〈京津冀协同发展规划纲要〉的意见》《天津市贯彻落实〈京津冀协同发展规划纲要〉实施方案》《中共河北省委、河北省人民政府关于贯彻落实〈京津冀协同发展规划纲要〉的实施意见》。这些综合性文件是京津冀三地全面贯彻落实《京津冀协同发展规划纲要》的重要部署和安排，对京津冀三地的协同发展各项工作均具有指导意义。

二是京津冀三地政府出台的相关综合性规划和物流业专项规划。在《“十三五”时期京津冀国民经济和社会发展规划》颁布后，北京市、天津市、河北省政府以其为指导，审议通过了各自的“十三五”国民经济和社会发展规划纲要，做到了规划之间的衔接。鉴于物流业在各地经济发展中的基础性、战略性地位，这些综合性规划也涉及物流业。另外，各地政府也根据各自发展定位和任务出台了相关的物流业专项规划，并体现着协同发展的精神和具体要求。如《关于印发<北京市“十三五”时期物流业发展规划>的通知》（京商务综字〔2016〕3 号）、《河北省人民政府关于印发河北省综合交通运输体系发展“十三五”规划的通知》（冀政办字〔2017〕69 号）、《河北省人民政府关于印发河北省建设全国现代商贸物流重要基地规划（2016—2020 年）的通知》（冀政发〔2016〕9 号）等。其中《北京市“十三五”时期物流业发展规划》中将“推动区域物流一体化，着力形成协调发展新格局”作为主要任务之一，明确了有序疏解非首都功能，加强京津冀物流产业协作的具体措施。

三是京津冀三地政府为了落实中央政策而出台的配套地方政策。京津冀三地经济发展水平不同，资源禀赋各异，发展定位不同，中央政府相关的物流业政策难免缺乏针对性，需要各地结合实际出台配套政策措施加以落实。如为了贯彻落实《国务院关于促进快递业发展的若干意见》（国发〔2015〕61 号），结合河北省实际，河北省政府出台了《河北省人民政府关于促进快递业发展的实施意见》（冀政发〔2015〕52 号）等。

四是京津冀三地政府根据自身功能定位和发展目标制定的物流业政策。如河北省人民政府 2014 年 12 月颁布的《关于加快沿海港口转型升级为京津冀协同发展提供强力支撑的意见》，提出加快把河北沿海港口建设成为全国知名大港，为区域协同发展提供强力支撑，并提出了“与天津港合力打造北方国际航运中心”“合力打造环渤海第一大港口群”等具体的政策措施。

需要指出的是，由于北京和天津是直辖市，涉及物流业协同发展的地方性政策主要是市政府及其相关行政机构颁布的，但河北省的地方性政策除了省级政府及其相关行政机构颁布的以外，河北省辖区内还有石家庄、唐山、邯郸、保定，张家口、承德等 11 个设区的市，这些城市政府在落实中央和省级政府有关京津冀协同发展政策时，也可以根据自身特点和发展实际出台相关的政策。比如石家庄市政府的《石家庄市 2018 年京津冀协同发展重点工作任务安排》中，明确了 2018 年京津冀协同发展重点工作共 46 项，其中包括把正定县打造成京津冀协同省级战略合作平台，重点承接京津现代服务业，战略性新兴产业、文化旅游业和商贸物流业等。

4. 司法和检察政策

京津冀协同发展的过程，也是一个各种利益关系调整的过程，在这个过程中难免会发生各种矛盾和冲突，甚至会产生各种违法犯罪活动。因此，充分发挥司法、检察机构的审判、检察职能，服务和保障京津冀协同发展，包括物流业的协同发展，具有非常重要的意义。

2015 年 10 月，河北省人民检察院颁布了《关于充分发挥检察职能服务和保障京津冀协同发展的指导意见》，其中就明确了“着力服务重大工程项目建设，保障现代商贸物流重要基地建设顺利推进”这一检察职能，提出了“围绕综合交通体系和航空、港口、陆路物流枢纽以及物流园区、商贸物流综合体建设，依法打击强揽工程项目和强行装运卸载、强买强卖、哄抢或毁损、盗窃项目建设材料，以及在项目建设工地寻衅滋事、阻挠项目建设正常进行的犯罪活动。”

2016年2月，最高人民法院发布了《关于为京津冀协同发展提供司法服务和保障的意见》，其中，涉及疏解北京非首都功能的民商事案件审理，要求“围绕疏解北京非首都功能，及时审理因部分企业搬迁和区域性物流基地、区域性专业市场外迁引发的租赁合同、补偿安置、劳动争议纠纷等案件。”关于海事案件审理，提出“要充分发挥天津海事法院专业性及跨区域管辖的独特优势，通过依法履行审判职责，促进京津冀地区对外开放、自贸区建设，推动海运、物流、仓储等行业发展。”

（二）京津冀物流业法律规制概况

《京津冀协同发展规划纲要》通过以后，京津冀三地的协同立法问题也被提上议事日程。2015年3月，在天津市召开的京津冀人大协同立法工作座谈会上，京津冀三地人大达成一致认识，形成了《关于加强京津冀人大协同立法的若干意见》的草案，随后北京市、天津市、河北省的人大常委会主任会议分别审议通过了《关于加强京津冀人大协同立法的若干意见》，初步构建了与京津冀协同发展相互适应、相互支撑、相互促进的协同立法机制。随着京津冀协同立法机制的建立，三省市已经着手进行了协同立法实践的探索，特别是在大气污染防治立法方面率先取得了突破。比如2015年天津市人大通过的《天津市大气污染防治条例》专设了“区域大气污染防治协作”一章，2016年河北省人大通过的《河北省大气污染防治条例》也专设了“重点区域联合防治”一章，这些专章规定均体现了协同立法的要求，而且在法规的制定过程中充分征求了其他两地人大的意见。

2015年三地政府法制工作机构召开了京津冀区域政府立法协作会议，研究了《京津冀政府法制工作区域合作协议（征求意见稿）》，确定了大气、水域、交通、物流、防疫、公共安全6个领域作为政府协同立法的重点课题，标志着京津冀政府协同立法机制初步形成。2017年2月，在石家庄市召开的京津冀协同立法工作会议上，三地人大常委会就深入推进京津冀协同立法工作开展协商，原则上通过了《京津冀人大立法项目协同办法》。规定了人大立法项目协同的原则、内容、程序和方式，标志着京津冀人大协同立法进入了实质性的操作阶段。总之，京津冀协同立法的合作在稳步推进，并在一些领域取得了实质性的进展。而且，这些协同立法的成果也与京津冀物流业的协同发展存在密切的联系。

总的来说，我国调整物流业的法律规范数量众多，内容庞杂。从物流活动方面看，涉及运输、货代、仓储、包装、配送、装卸、搬运、流通加工、通关、检验、检疫等多个环节和诸多领域；从法律规范的表现形式上看，有法律、行政法规、部委规章、地方性法规、规章和国际条约、国际惯例以及各种物流技术性规范等不同的层次。与京津冀物流规制有关的法律规范，从表现形式上看，可以分为以下六类。

1. 物流类法律

即全国人大及其常委会制定的规范性法律文件。比如《中华人民共和国公路法》《中华人民共和国铁路法》《中华人民共和国民用航空法》《中华人民共和国海商法》等。作为国家最高立法机关颁布实施的法律，在物流类法律法规体系中效力最高，一般是物流领域的基本法律规范。京津冀物流业协同发展的过程中，这些物流领域的基本法律规范仍然是最基本、最重要的法律依据。

2. 物流类行政法规

即国务院制定的规范性法律文件。如《中华人民共和国公路管理条例》《收费公路管理条例》《中华人民共和国道路运输条例》《快递暂行条例》等。作为我国最高行政机关颁布的行政法规，法律效力仅次于法律，在我国物流规制中的地位非常重要，也是京津冀物流业协同发展过程中必须遵守和执行的。

3. 物流类部委规章

即由国务院的相关部委、直属机构制定的规范性法律文件。如《国际海运条例实施细则》《智能快件箱寄递服务管理办法》《道路货物运输及站场管理规定》等，部委规章涉及物流活动的各个领域和环节，数量众多、内容丰富，其法律效力次于法律、行政法规，往往是贯彻执行物流类法律、行政法规的具体规范，对于京津冀物流业协同发展也起着规范和约束作用。

4. 物流类地方性法规和地方规章

即具有地方立法权的地方人大和地方政府制定的规范性法律文件。对于京津冀来说，主要是指京津冀三地省市的人大和政府颁布的规范性法律文件，其中河北省还包括设区的市（如石家庄、秦皇岛等）的人大和政府颁布的规范性法律文件。如《北京市道路运输条例》《天津市公路管理条例》《河北省道路运输条例》等。京津冀协同发展上升为国家战略以来，随着京津冀协同立法机制的建立，京津冀地方性法规、规章在制定过程中，各地主动将京津冀协同发展的原则精神渗透到新的立法之中，体现着协同立法的要求和趋势。如 2017 年河北省人大常委会通过的《河北省道路运输条例》中，专章规定了“京津冀区域协作”，并明确规定“省人民政府交通运输主管部门制定道路运输相关政策，应当统筹考虑与北京市、天津市道路运输的协调，按照统一规划、统一标准、统一管理的要求，促进道路运输区域协作和发展。”“省人民政府交通运输主管部门应当与北京市、天津市人民政府交通运输主管部门建立区域联合执法机制，加强区域道路运输管理信息共享和预警联动，解决跨区域道路运输纠纷，促进区域道路运输工作联防联治。”

5. 物流类国际条约和国际惯例

京津冀地区拥有我国北方重要的港口、机场和铁路枢纽，是重要的国际物流通道，国际物流活动在很多情况下会适用到物流类国际公约、国际惯例。同时，这些国际公约、国际惯例也会影响到国内的物流立法。实际上，我国的《中华人民共和国海商法》《中华人民共和国民用航空法》等物流立法都吸收借鉴了相关国际运输规则，保持了与国际运输规则的接轨。物流类国际公约、国际惯例涉及海上货物运输、航空货物运输、铁路货物运输以及多式联运等领域。比如与国际海上运输相关的公约最重要的是调整提单运输的《海牙规则》《维斯比规则》和《汉堡规则》三大公约；较有影响力的国际航空运输公约有《华沙公约》《海牙议定书》等；与多式联运相关的国际公约与惯例有《联运单证统一规则》《联合国国际货物多式联运公约》等。

6. 物流类标准等技术性规范

物流类标准等技术性规范对于提高物流效率，提升物流水平，特别是京津冀物流业协同发展具有重要意义。物流类标准包括国家标准、行业标准、地方标准和企业标准，其中国家标准和行业标准分为推荐性标准和强制性标准两种类型。这些标准包含通用基础类、物流技术类、物流信息类、物流管理类、物流服务类等众多种类。为了促进京津冀协同发展，京津冀三地相关机构协同合作，已经发布了一些区域协同地方标准，或者进行了相关标准的同步立项工作。如 2018 年京津冀三地标准化部门和商务部门组织制定、分别发布的《冷链物流冷库技术规范》《冷链物流运输车辆设备要求》等 8 项京津冀冷链物流区域协同地方标准。这些区域协同地方标准的贯彻和落实，对于统一和规范京津冀物流发展，提升京津冀物流发展水平具有重要意义。

总之，随着京津冀三地人大和政府协同立法机制的建立，围绕着交通、环保和产业升级等重点领域，包括物流业协同发展在内的协同立法工作取得了实质性的进展，提高了京津冀协同发展的法治化水平。与此同时，京津冀三地也积极推进政府执法和法院执行工作的协同。如在环境保护执法领域，北京市环境保护局、天津市环境保护局和河北省环境保护厅三部门建立了“京津冀环境执法联动工作机制”，包括定期会商制度、联动执法制度、联合检查制度等，逐步实现京津冀三地环保执法的协同。在京津冀法院执行联动协作方面，京津冀三地法院签署了《京津冀执行工作联动协作协议书》，在执行委托、执行协调、执行协助等方面加强了配合，取得了区域协同执行的良好效果。

四、京津冀物流业规制存在的主要问题

在京津冀物流业规制的过程中，政策和法律发挥着推动、引领和保障的重要作用。物流业协同发展的相关政策和立法也取得了实质性的进展，

初步形成了助力京津冀物流业协同发展的政策和法律体系。但总体而言，尚存在着以下五个主要问题。

（一）政策合力不足，缺乏纲领性政策和规划

从目前中央政府和地方政府出台的相关政策看，京津冀物流业协同发展的政策合力不足，主要体现在：一是中央政府没有出台京津冀物流业协同发展方面的全局性、纲领性的政策。尽管国务院在《国务院关于印发物流业发展中长期规划（2014—2020年）的通知》（国发〔2014〕42号）等文件中强调了“推进区域物流协调发展”，但这些政策规定过于宏观和抽象，更多的是原则性、方向性的引领，可操作性不强，不足以对京津冀物流业协同发展做出全局性部署和具体指引。二是由于物流业是融合运输、仓储、货代、信息等产业的复合型服务业，并不存在一个统一的物流业管理部门。京津冀物流业协同发展的政策也涉及发展改革、交通运输、商务、环保等众多部门。国务院相关主管部门先后出台了京津冀交通一体化、通关和检验检疫一体化等相关政策，但这些政策政出多门，缺乏统筹规划，大多是从本部门的职责角度来落实和推进京津冀协同发展的政策措施，尚不能有效形成政策合力来统筹规划和协调京津冀物流业的协同发展。三是京津冀的地方性物流政策大多是结合自身的发展定位来具体贯彻落实京津冀协同发展要求的，尽管相关的政策和规划中也将“推动区域物流一体化”作为其重要任务之一，但是其本身的政策效力仅仅局限于本行政区域内。如果缺乏全局性、纲领性的政策指引，也容易出现三地政策之间的不协调，阻碍京津冀物流业协同发展。因此，总体而言，京津冀物流业协同发展的政策合力不足，还缺乏顶层设计，缺乏统领京津冀物流业协同发展的全局性、纲领性的政策。

（二）规制滞后于协同发展的实践需求

《京津冀协同发展规划纲要》颁布以来，在中央的统一部署下，京津冀三省市分别制订了工作计划和工作要点，在交通、生态、产业三个重点领域推进了许多重大工程项目建设，在有序疏解北京非首都功能上不断推

进相关工作，包括物流业协同发展等相关工作不断向纵深推进。在物流业发展方面，对北京市而言，有序疏解非首都功能是一项重要任务，一般低端物流业态及配套物流设施正在有序疏解转移，物流业处于调整和转型升级之中。对河北省而言，推进全国现代商贸物流重要基地建设是一项重大任务，区域协同步伐也不断加快，并积极打造了农副产品、小商品等转移平台来承接北京非首都核心功能疏解。从实践来看，包括物流业在内的京津冀协同发展，既有赖于政策推动，又离不开法治的保障。目前的物流业规制主要在交通一体化、道路运输、生态环境保护等领域取得了一定的成果，但在物流业协同发展中如何解决省际市场分割与地方保护，防止产业同质化竞争与重复建设，以及在产业承接转移过程中如何制定产业导向法规等领域尚缺乏系统的规制，滞后于协同发展的实践需求。另外，在涉及物流业协同发展的重点领域，比如绿色物流、冷链物流以及物流标准化、信息化建设等领域，也还缺乏系统的规制。

（三）规制以政策推进为主，立法引领不足

从总体上看，在推进京津冀协同发展的过程中，包括物流业协同发展的过程中，无论是中央政府层面，还是地方政府层面，主要还是以政策推进为主，而立法引领不足。这主要是“相对于法律而言，政策具有明显的针对性、便捷性、灵活性、探索性、指导性等特点，其效用比较显著，因而成为政府调控经济的主要工具。”[29]在政策方面，除了《京津冀协同发展规划纲要》这一顶层设计的纲领性文件外，就京津冀物流业的协同发展而言，相关政策涉及交通一体化规划、通关一体化改革、检疫检验一体化建设、民航业协同发展等多个领域，数量也比较多。而在立法方面，目前全国人大立法机关和国务院并没有出台有关区域协同发展方面的全国性法律法规，也没有针对京津冀协同发展的专项立法。就京津冀物流业的协同发展而言，也仅仅是三省市地方性法规中就道路运输管理、污染防治等领域实现了一定程度的协同立法，如《河北省道路运输条例》《河北省大气污染防治条例》等地方性法规中设置了区域协同发展的专门性条款。协同立法的领域较为狭窄，数量也非常有限。而相关的政策、纲要等文件并不

是法律，缺乏法律的权威性、稳定性、长期性和强制性，存在着自身的局限性，政策也不能代替法律。京津冀协同发展的过程，也是一个各方利益调整的过程，而法律是协调区域利益关系的最佳途径。“京津冀协同发展其核心是利益问题，而对利益进行平衡以及对利益进行取舍选择，是一个法制问题。”[30]因此，在京津冀协同发展过程中，客观上有必要将《京津冀协同发展规划纲要》描绘的宏伟蓝图通过立法来贯彻落实，“坚持法治先行，通过法治建设凝聚发展共识、化解发展矛盾、保障发展秩序。”[23]

（四）区域协同立法的法律依据尚不充分，协同立法仍处于初级阶段

从我国《中华人民共和国宪法》《中华人民共和国立法法》的相关规定来看，《中华人民共和国宪法》第3条规定了“中央和地方的国家机构职权的划分，遵循在中央的统一领导下，充分发挥地方的主动性、积极性的原则。”这仅仅是一个处理中央和地方的国家机构职权的原则性规定。《中华人民共和国立法法》第72条、第73条、第82条虽然规定了地方性法规和地方政府规章的制定主体、制定权限及其范围，但均没有区域协同立法乃至联合立法的相关规定，区域协同立法的法律地位、法律效力并不清晰。而地方性法规和地方政府规章的适用范围仅仅限于本行政区域内，不产生跨行政区域的法律效力。也就是说，我国现行的立法体制中，并不存在介于中央立法和地方立法之间的区域立法，尚不足以提供区域协同立法的明确法律依据。从京津冀人大立法机关的协同立法实践看，虽然三地人大机关出台了《关于加强京津冀人大协同立法的若干意见》和《京津冀人大立法项目协同办法》相关文件，积极推进三地人大法制工作机构建立立法工作协同机制，开展立法协商和信息共享、加强重大立法项目联合攻关等工作。但是在目前的情况下，“区域协同立法更多是在一种相对松散、彼此约束力不强的条件下进行的，且这种协同立法工作需要区域内各个立法主体相互间存在较强的信任关系。此外，根据我国的行政区划与立法体制，当前也不太可能采取区域整合或合并的方式来推进区域协同立法的实践。”[31]因此，其实质是在现行立法体制的框架下，就京津冀三地面临的交通一体化、生态环境保护等关联度高的经济、社会问题，秉承合作、互信的精神，采取协商、沟通等方式达成三地法律规则的和谐和统一，其最终成果仍然是在各自的权限范围内制定相关的地方性法规，而并不是跨行政区域的联合立法。而且这种立法的协同主要靠三地立法机关落实中央京津冀协同发展政策的共识和自觉，并没有法律上的强制力，也没有建立起制度化的协同立法体制机制，协同立法仍处于初级阶段。

（五）立法节奏不同步、内容不协调、标准不统一

为了贯彻落实京津冀协同发展的国家战略，京津冀人大立法协同机制初步形成，并开展了协同立法的初步实践，取得了一定的成效。这对于京津冀三地整合立法资源，破除行政壁垒和地方保护，促进京津冀地方性法规和谐一致，形成相对统一的区域制度框架，实现制度融合、利益融合意义非常重大。但是，从目前协同立法的实践来看，尚存在着立法节奏不同步、内容不协调、标准不统一等问题。如道路运输是发展现代物流的基础，也是京津冀协同立法的重点领域，河北省 2017 年制定的《河北省道路运输条例》专门设置了“京津冀区域协作”一章，对京津冀区域协作进行了规范，被视为是京津冀协同立法的重要成果之一。而北京市的《北京市道路运输条例》由于立法时间较早，则无区域协作相关的规定，天津市没有专门的道路运输方面的地方性法规，但有相关的《天津市公路管理条例》，并在 2017 年新修订该地方性法规时，增设“区域公路管理协作”的专章规定，建立了京津冀公路网统筹衔接、同图规划等制度和公路治理超限联防联动，推动区域联合执法等工作机制。可见，在道路运输领域，三地立法并不同步，节奏并不统一，内容并不协调。又比如机动车超标排放污染物的，根据相关的地方性法规，北京市的处罚标准是“三百元以上三千元以下罚款”，而天津市的处罚标准是“二百元以上二千元以下罚款”。相同的环境违法行为，三地的法律责任、处罚幅度规定并不统一，差距较为明显。另外，在机动车污染物排放和控制标准的要求上，北京市、天津市的规定通常要严于河北。例如 2019 年北京市发布了《关于北京市提前实施国六机动车排放标准的通告》，率先对在北京市销售、注册登记的轻

型汽油车、重型燃气车、重型柴油车实施国六机动车排放标准。

五、完善京津冀物流业规制的对策

京津冀物流业的协同发展，既需要政策的激励、推动和引导，更需要立法的规制、约束和保障，并通过政策协调和法律规则的统一，为京津冀物流业的协同发展创造良好的政策法治环境。

（一）加强政策的顶层设计，制定京津冀物流业协同发展的纲领性政策

从目前与京津冀物流业协同发展直接相关的政策文件看，国务院仅在相关文件中提出了“推进区域物流协调发展”的原则性指引，缺乏操作性；国务院相关部委的政策限于其职能职责范围，只能涉及京津冀物流协同发展的某一领域或某一方面的问题，缺乏全面性；京津冀三省市的地方性政策限于其效力范围，缺乏全局性。因此，目前涉及京津冀物流业协同发展的政策较为分散，政策合力不足，政策权威性欠缺，缺乏对京津冀物流业协同发展的统筹规划和顶层设计。

针对这些问题，有必要由中央政府全面统筹，整体布局，制定实施京津冀物流业协同发展的纲领性政策，构建统一的京津冀物流业协同发展规划和发展战略。为此，建议由国务院研究制定出台“京津冀物流业协同发展规划”或“京津冀物流业协同发展指导意见”等政策文件。作为京津冀物流业协同发展的纲领性政策，在明确京津冀三地的功能定位基础上，对京津冀物流业协同发展的指导思想、主要原则、发展目标、发展重点、主要任务、重点工程和重点项目、保障措施等做出全面部署。一方面可以加强京津冀物流业协同发展政策的权威性、全面性、全局性，避免政出多门可能导致的政策不协调、不统一问题；另一方面也可以为京津冀三省市提供宏观指引，便于各地根据自身产业发展实际和功能定位出台创新性的地方性政策。

此外，可以借鉴《国务院办公厅关于成立京津冀及周边地区大气污染防治领导小组的通知》（国办发〔2018〕54 号）的做法，由国务院牵头组建包括国务院主要领导、三省市主要领导以及相关部委负责人构成的较高级别的京津冀物流业协同发展领导小组，统筹研究和解决京津冀物流业协同发展中的重大政策和重大问题。

（二）加强重点领域政策和立法供给，为京津冀物流业协同发展提供充分的制度支撑

京津冀物流业协同发展的过程，也是不断打破体制机制障碍，深化协同治理的创新实践过程。在如何进行制度安排和体制机制创新，引领和推动三地物流一体化发展方面面临众多新情况、新问题，自然也会存在政策缺失和立法滞后的问题。需要加强涉及京津冀物流业协同发展中重点领域的政策和法律供给，特别是要在宏观政策指引下，构建目标更为明确、措施更加具体、操作性强的政策法律体系，为京津冀物流业协同发展提供充分的制度支撑。

首先，要打破“一亩三分地”的陈旧思维模式，打破省际市场分割与地方保护，正确处理政府和市场的关系，清理和废除妨碍区域统一市场和公平竞争的各种规定和做法，建立统一开放、竞争有序的区域物流市场。同时也要着力解决京津冀物流业发展中存在的产业同质化竞争、重复建设、区域发展不平衡等问题。

其次，要在物流市场准入、物流基础设施建设、物流信息化建设、物流标准化建设、绿色物流以及和民生直接相关的农产品物流、冷链物流、电子商务物流、应急物流等领域，加强京津冀三地的政策对接和立法协同，推动京津冀物流业协同的纵深化发展。同时，中央政府和京津冀三地也要着力解决涉及物流业发展的土地利用规划、投资、税收、交通管理以及产业转移中出现的利益分配问题等。

最后，在京津冀物流业协同发展过程中，也会出现利益关系调整而引发的矛盾和冲突。同时，围绕疏解北京非首都功能，企业搬迁和区域性物

流基地外迁引发的租赁合同、补偿安置等纠纷日益增多，也需要司法机关出台相关司法解释，妥善化解矛盾，保障社会安定。

（三）加大中央立法的支持，为京津冀物流业协同发展提供上位法依据

京津冀协同发展国家战略实施以来，包括物流业在内的有些改革试点工作尚无法律、行政法规的依据和支撑。特别是对于京津冀协同发展中的重大利益问题，或者京津冀三省市无权协同的立法项目以及立法权限属于国家专属立法的事项，迫切需要加大中央立法对京津冀协同发展的支持力度。

一是制定“京津冀协同发展促进法”等基础性法律。我国目前尚没有一部区域协同发展方面的基础性法律。京津冀协同发展是国家战略，行使国家立法权具有正当性和合理性，西方国家在区域发展领域也有相关的立法经验可以参考，比如日本的《国土综合开发法》是日本国土开发的基本法，同时还制定了地区性的区域规划，如《首都圈整备法》《首都圈工业配置控制法》等[31]。有了京津冀区域发展方面的基础性法律，也能够为物流业协同发展提供上位法的支持，有利于京津冀物流业一体化规划，一体化发展。

二是完善《中华人民共和国立法法》等有关法律，为京津冀协同立法的深入展开，乃至联合立法提供上位法依据。应当在区域立法主体资格、区域立法权限范围、法律地位和效力等方面做出明确规定，为推进包括物流业在内的区域协同立法开辟道路、扫除制度障碍。

三是制定和修改与京津冀物流业协同发展密切相关的法律、行政法规。比如为了促进京津冀区域交通基础设施一体化，可以考虑制定“京津冀交通一体化促进条例”。同时，可以考虑修订《中华人民共和国公路法》《中华人民共和国港口法》《中华人民共和国道路运输条例》等法律、行政法规，贯彻区域协同发展精神，防止出现新的“断头路”“卡脖子工程”等问题。

（四）构建协同立法的长效机制，为京津冀物流业协同发展提供法治化环境

京津冀协同发展国家战略确立之后，京津冀三省市积极探索协同立法工作机制，并取得了初步成果，特别是在道路运输管理、公路管理等领域进行了协同立法的创新性实践。如将《河北省道路运输条例》等地方性法规列为京津冀协同立法重点项目，三省市紧密配合、协同工作、全力推进，如期完成了立法任务。在此基础上，应当总结经验，完善制度，构建京津冀协同立法长效机制，着力解决立法节奏不同步、内容不协调、标准不统一等问题，为京津冀物流业协同发展提供法治化环境。

要建立制度化、常态化、规范化的协同立法工作机制。除了目前已经初步建立的立法信息沟通协调机制、立法规划协同机制等之外，还可以考虑建立京津冀立法的交叉备案机制、京津冀协同立法的评估机制等。尽管我国法律、法规中没有规定地方性法规在同级地方人大立法机关之间的备案制度，但是京津冀协同立法的重点在于立法内容的协同，如果三地立法机关出台的地方性法规不向其他省市人大立法机关备案，也不征求其他省市人大立法机关的意见，那么仍然可能产生新的地方保护主义立法，甚至可能损害区域内其他方的利益。立法的交叉备案机制也可以尽早发现相关立法的不同步、不协调、不统一问题，提高协同立法的质量。另外，立法的生命力在于实施，只有经过实施才能实现立法的使命与目的。因此，也有必要建立京津冀协同立法的评估机制，根据立法评估的结果，评价、分析协同立法的实施进度、实施效果，建立起动态的立法调整机制，适时进行必要的立、改、废工作，提高协同立法科学性。从当前看，由于立法体制和立法权限的局限，协同立法仍然以三省市立法机关的沟通协作、合作协商的方式进行协同立法。从长远看，经过全国人大的立法修改或者立法授权，可以成立京津冀立法协调机构，在涉及物流业协同发展等关联度较高的领域，需要三省市采取统一规则的立法项目，可以采取跨行政区域的联合立法，其法律效力应该高于三省市的地方性法规，统一适用于京津冀区域。这样既可以避免三地重复立法，提高立法效率，也可以从根本上解决三省市分头立法带来的立法节奏不同步、内容不协调、标准不统一等问题。

三省市协同立法应按照《京津冀协同发展规划纲要》的要求，根据京津冀物流业协同发展的实际和各自的功能定位，将京津冀协同立法落实到具体立法项目上。特别是京津冀协同发展中的利益调整，是各方关注的焦点，也是京津冀协同立法的难点。比如北京市要有序疏解非首都功能，引导和推动区域性农副产品、基础原材料等大宗商品的仓储物流功能外迁，推进服装、小商品、建材等区域性专业市场及其物流功能向周边地区整体迁出，就需要制定产业导向法规，出台承接其疏解产业的相关政策制度，并建立起推动产业转移对接的财政税收制度、迁出地与迁入地间财政利益共享制度等。

（五）适时将成熟的京津冀物流业协同发展政策规制转化为法律规制

政策和法律作为社会治理的工具，两者关系十分密切，既有联系又有区别。“一般来说，政策是制定法律的依据，而法律是对政策的定型化、条文化与规范化。”但是，也要看到“法律与政策之间存在复杂的关联性，以至于两者常被混杂在一起。”[32]在现代社会治理过程中，也出现了所谓的“政策法律化”和“法律政策化”的现象，以至于“法律被视为实现政策的工具的同时，政策亦是法律实施的工具。”[33]我国物流业发展过程中，国家一直比较重视政策和法律发挥各自的优势和作用，并及时将成熟的政策转化为法律。比如，2015 年 10 月，国务院印发了《关于促进快递业发展的若干意见》，明确了我国快递业发展指导思想、基本原则、发展目标、重点任务和政策措施等，这是我国第一部快递业发展的纲领性政策文件。2018 年 2 月国务院颁布了《快递暂行条例》，规定了快递业发展的保障措施、快递业经营主体的市场准入、快递服务和快递安全的基本要求和基本规范、快递业的监督检查及法律责任等，这是根据《中华人民共和国邮政法》和其他有关法律，制定的第一部全面规范快递业的行政法规。上述政策和法规体现了国家对快递业的高度重视，对保障和促进快递业健康发展具有非常重要的意义。

《京津冀协同发展规划纲要》的颁布实施，为京津冀协同发展确定了目标和原则，属于中央的顶层设计，是落实京津冀协同发展根本依据。但政策不能代替法律，将原则性较强的政策纲要、理念目标转化为具有可操作性的具体行动指南，仍然需要将政策转化为具体的法律。对于京津冀物流业协同发展来说，发挥政策的灵活性、引导性、探索性等特征，在推动京津冀物流业协同发展的初始阶段，政府可以更多采用政策推动的方式。但随着政策的实施和逐步成熟，就应当发挥法律的稳定性、规范性、强制性特征，及时将政策转化为法律，以明确在京津冀物流业协同发展中政府、企业、社会各方的职责、权利、义务，并以法治思维、法治方式处理京津冀物流业协同发展过程中各方利益关系的调整。

参考文献

[1] 魏后凯．打造京津冀协同发展的命运共同体［N］．人民日报，2016-07-04（07）.

[2] 植草益，朱绍文．微观规制经济学［M］．胡欣欣，等．译校，北京：中国发展出版社，1992：1-3.

[3] 韩中华，付金方．西方政府规制理论的发展及其对我国的启示［J］．中国矿业大学学报：社会科学版，2010（1）：38-40.

[4] 王旭东．把握行业发展机遇共谋京津冀物流协同发展——在第九届中国北京流通现代化论坛上的讲话［J］．中国流通经济．2015（12）：6-7.

[5] 杨崇勇．推进京津冀协同发展的关键是政策一体化［J］．经济与管理，2015（01）：7-8.

[6] 余晖．政府与企业——从宏观管理到微观规制［M］．福州：福建人民出版社，1997：5-17.

[7] 夏大慰，史东辉．市场经济条件下的政府规制：理论、经验与改革［J］．上海社会科学院学术季刊，2001（11）：81-90.

[8] 吴良镛，毛其智．京津冀区域发展二论［J］．北京规划建设，1994（10）：25-29.

[9] 史锦梅．京津冀物流产业协同发展思路及对策［J］．中国流通经济，2015（11）：72-77.

[10] 王爽．京津冀一体化背景下区域物流集群发展的竞合分析 [J]．中国流通经济，2015（1）：112-117.

[11] 刘东英，程姿．京津冀物流产业升级路径及对策研究 [J]．经济与管理，2015（07）：18-22.

[12] 张华．京津冀协同发展视角下的低碳物流发展对策探析 [J]．改革与战略，2016（09）：118-120.

[13] 陈金涛．完善我国现代物流法律制度的理论思考 [J]．当代法学，2007（03）：119-123.

[14] 王金东，李志文．论物流法的范畴及我国物流法的完善 [J]．人民司法，2007（21）：81-91.

[15] 孙秀梅，辛广茜．绿色物流的发展瓶颈与对策研究 [J]．中国流通经济，2007（10）：22-25.

[16] 堀江正弘，孙前进．日本物流政策的演变 [J]．中国流通经济，2010（10）：4-7.

[17] 孟琪．从发达国家物流法建设看我国物流立法未来走向 [J]．中国物流与采购，2011（09）：70-71

[18] 翁心刚，姜旭．日本绿色物流发展的状况及启示 [J]．中国流通经济，2011（01）：16-20.

[19] 魏东．加快推进绿色循环低碳交通运输发展 [J]．环境保护，2013（13）：10-13.

[20] 张敏．司法视角下物流行业法适用统一研究 [J]．中国海商法研究，2015（03）：115-120.

[21] 莫纪宏．京津冀协同发展应法治先行 [N]．法制日报，2014-05-19（06）.

[22] 孟庆瑜，刘显．筑牢京津冀协同发展的法治基石 [N]．人民日报，2015-08-06（07）.

[23] 焦洪昌，席志文．京津冀人大协同立法的路径 [J]．法学，2016（03）：40-48.

[24] 孟庆瑜．论京津冀协同发展的立法保障［J］．学习与探索，2017（10）：54-64.

[25] 杨晖，贾海丽．京津冀协同立法存在的问题及对策思考——以环境立法为视角［J］．河北法学，2017（07）：107-119.

[26] 周悦丽．整体政府视角下的京津冀区域执法协同机制研究［J］．首都师范大学学报：社会科学版，2017（04）：65-72.

[27] 张瑞萍．京津冀产业一体化进程中立法引领价值探析［J］．北京交通大学学报：社会科学版，2017（01）：140-144.

[28] 王娟，何昱．京津冀区域环境协同治理立法机制探析［J］．河北法学，2017（07）120-130.

[29] 王涵．区域协同立法的“京津冀”尝试［N］．民主与法制时报，2015-05-19（01）.

[30] 焦洪昌，席志文．京津冀人大协同立法的路径［J］．法学，2016（03）：40-48.

[31] 张京祥，芮富宏，崔功豪．国外区域规划的编制与实施管理［J］．国际城市规划，2002（2）：30-33

[32] 张瑞萍．京津冀产业一体化进程中立法引领价值探析［J］．北京交通大学学报：社会科学版，2017（01）：140-144.

[33] 肖金明．为全面法治重构政策与法律关系［J］．中国行政管理，2013（05）：36-40.

本章作者：高　泉